사라지는 일기   공백, 부의 쏠림,

                                         주의 …

코로나19로 우리 사회의 민낯이 드러났다.

왜 재난은 사회적 약자에게 더 가혹한가?

일상이 된 재난, 어떻게 극복할 것인가

재난의 정치경제학

코로나시대 대안 찾기

재난의 정치경제학

코로나시대 대안 찾기

—

인쇄 2021년 1월 10일 1판 1쇄　**발행** 2021년 1월 15일 1판 1쇄

지은이 김해창
펴낸이 강찬석
펴낸곳 도서출판 미세움
주소 (07315) 서울시 영등포구 도신로51길 4
전화 02-703-7507
팩스 02-703-7508
등록 제313-2007-000133호
홈페이지 www.misewoom.com

정가 15,000원

—

ISBN 979-11-88602-32-2　03330

코로나시대 대안 찾기

김 해 창 지음

재난의 정치경제학

美세움

왜 재난의 정치경제학인가

우리의 삶은 어느새 일상성을 잃어 버렸다. 2019년 12월 하순 중국 우한에서 발생한 신종 코로나바이러스감염증-19 (코로나19) 사태는 처음에는 5~6개월 정도면 종식될 수 있을 것으로 보였다. 그러나 1~2년은 지속되고, 제2, 제3의 파고가 우려되고 있다. 사회적 거리두기를 넘어 이제는 '비대면 사회'가 일상이 돼 버렸다.

우리는 시시각각 확진자 수, 사망자 수가 얼마며, 확진자가 언제 어느 지역을 다녀갔다는 뉴스에 눈과 귀를 떼지 못한다. 11월 14일 현재 국제통계사이트 월드오미터에 따르면 코로나19로 인한 전 세계 누적 확진자는 5307만 8000명, 누적 사망자는 129만 8596명으로 집계됐다. 미국의 경우 누적 확진자가 1087만 3936명, 누적 사망자가 24만 8585명으로 전 세계에서 가장 많다.[1] 도널드 트럼프 미국 대통령을 비롯해 세계 지도자들조차 확진 판정을 받는 등 코로나19에서 자유로운 사람은 없다. 더욱이 11월 초에 치러진 미국 대선에서 트럼프 대통령은 민주당 조 바이든 후보에게 패했다. 트럼트 대통령의 참패는 기후 변화와 코로나19를 가볍게 보고 대처를 소홀히 해 온 데 대한 미 국민의 심판이라고도 볼 수 있다.

11월 14일 현재 우리나라의 코로나19 누적 확진자 수는 2만 8338명, 누적 사망자 수가 492명이다. 우리나라는 '감염병예방법' 개정안에 따라 11월 13일부터 불특정다수가 모이는 버스나 지하철, 병원과 요양원에서 마스크를 쓰지 않으면 벌금 10만 원을 부과하고 있다. 이제 우리 사회는 명실공히 '마스크사회'가 돼 버렸다.

2020년 한 해를 돌아보면 우리나라 경제는 저성장을 넘어 마이너스성장을 기록할 것으로 예측되는데, 해외여행이 사실상 제한·금지되고, 중소상공인, 자영업자는 생계가 막막하고, 학령기 아이를 둔 학부모는 탁아·보육에 대한 대안 찾기에 여전히 고심하고 있다. 지난 3월, 새봄이 왔건만 봄을 느낄 수 없던 '춘래불사춘春來不似春'이 10월, 11월 가을에도 계절을 느끼지 못하고 어느새 겨울에 접어들었다.

이런 와중에 우리 사회는 한때 마스크 파동을 겪었고, 정부가 직접 나서 마스크의 생산 유통에 개입하기도 했다. 논란 끝에 전 국민을 대상으로 긴급재난지원금 14조 원이 지급되고, '한국판 뉴딜'에 35조 1000억 원(국채 발행 23조 원)이 편성되는 등 총 4차에 걸친 추경예산 규모가 66조 8000억 원(국채 발행 44조 5000억 원)으로 '역대 최대'다. 그렇지만 소상공인이나 자영업자 입장에서는 여전히 실효성이 부족하다는 목소리가 높다.

경기침체와 공황의 차이가 뭐냐는 질문에 우스개 같은 답이 있다. 내 주위 사람들이 직장을 잃으면 경기가 안 좋은 것이고, 내가 실직하면 공황이라는 것이다. 개인이 느끼는 실질적인 경제심리의 단면을 잘 보여주는 말이다. 식당에서 지인들과 즐겁게 식사하는 일, 교회나 사찰에 가서 기도하는 일, 광장에 모여 찬반 집회를 갖는 일 등 우리가 당연시했던 일상적인 행위들이 감염병으로 인해 모두 차단되거나 자제하지 않으면 안 되게 됐다. 마스크를 쓰고 다니면서도 스쳐 지나가는 사람들과의 접촉이 편하지 않은 그런 삶이 일상화됐다.

사상 초유, 전례가 없는 일이다. 이렇게 코로나19의 감염성이 높을 줄은 몰랐다. 그러나 이런 일이 처음은 아니다. 2015년 메르스 사태가 그랬고, 2003년 사스 사태 때도 어느 정도 겪은 일이다. 이러한 재난 앞에 우리의 삶도 나라 경제도 엄청난 영향을 받았다.

아시아개발은행^{ADB}은 사스에 따른 전 세계의 경제적 손실을 500억 달러(약 55조 6000억 원)로 추산했다. 현대경제연구원은 사스가 국내에 끼친 영향을 분석한 결과, 사스에 따른 직접적 손해로 수출 피해액만 20억~33억 달러, 관광수입 피해액도 약 3억 달러로 추정된다고 밝혔다. 아울러 간접 손해로 8만 9000~11만 9000명의 고용이 줄고, 2억~9억 달러의 설비투자가 감소할 것으로 예상되면서 국내총생산^{GDP} 성장률이 0.4~0.6%p 하락할 것으로 추산했다.[2]

경제협력개발기구^{OECD}는 지난 9월, 2020년 우리나라 경제성장률 전망치를 −1%로 조정했고, 한국경제연구원은 2020년 우리나라 경제성장률이 −2.3%를 기록할 것으로 전망했다. 이는 국제통화기금^{IMF} 외환위기 이후 최저치다.[3]

문제는 사스, 에볼라, 메르스, 코로나19 등 감염병은 지금까지 주기적으로 발생해 왔으며, 앞으로도 또 다른 신종 바이러스가 발생할 것이라는 것은 의심할 여지가 없다. 다만 여태까지는 그 심각성을 피부로 느끼지 못했을 뿐이다. 나 자신이 직간접적으로 피해자 또는 가해자가 될 수 있다는 사실에 온 국민이 두려워하고 있다. 통계숫자가 중요한 것이 아니라 나와 내 가족, 내 이웃의 '안전'이 첫째이기 때문이다.

독일의 사회학자 울리히 벡은 《Risk Society위험사회》(1986)에서 산업화가 위험사회를 만들었으며, 위험은 지역과 계층에 관계없이 평준화가 될 것이라고 말했다. 대표적으로 "부富에는 차별이 있지만 스모그에는 차별이 없다"는 명언이 있다. 벡은 위험사회의 특징으로 '안전의 가치가 가장 중요해 진다' '가해자가 언제든지 피해자가 될 수 있다' '위험에 대해선 외면, 이기, 반목, 혐오가 아니라 믿음을 바탕으로 공동체가 문제 해결을 위해 함께 협력해야 한다' '성찰적 근대, 문명적 탈바꿈이 필요하다'라고 말했다.

그런데 벡도 놓친 것이 있다. "스모그에는 차별이 없을지 몰라도 부의 차이로 인해 이러한 스모그 피해는 사회적 약자가 더 직접적으로 받게 된다"는 사실을. 우리는 세월호 사고에서 보았듯이 피해자 가족의 일상이 어떻게 무너지는지, 우리들의 일상의 행복이 얼마나 소중한지를 가슴 저리게 느꼈다. 수치數値의 경제학이 아니라 일상행복의 경제학이 돼야 하는 이유이며, 그 기초에 '안전의 가치'가 자리 잡고 있음을 잊어선 안 된다.

오수경 자유기고가는 경향신문의 '절망은 희망의 시작'이란 칼럼(2020년 2월 29일)에서 미국의 저술가 리베카 솔닛의 '이 폐허를 응시하라'라는 글을 소개했다. 솔닛은 '현대사회를 갑작스레 닥치는 재난이건, 천천히 다가오는 재난이건, 재난이 훨씬 더 강력해지고 훨씬 더 일상화되는 시대로 들어서고 있다'며, 이 폐허에서 우리를 구원할 방법으로 '이타주의와 연대'를 말했다.

세월호 참사든 사스·메르스·코로나19든 재난은 불평등을 가속화한다는 사실을 이참에 잊어선 안 된다. 이번 사태로 인해 국가경제 차원에서 많은 피해를 입고 있다지만 진짜 피해는 확진자와 가족, 지역사회에서도 영세한 자영업자나 생계에 어려움을 겪는 일용직 노동자, 사회적 약자가 가장 심각한 영향을 받기 마련이다. 사태 수습 과정에서 확진자 개인이나 집단을 향한 일부 비난의 목소리가 나오는 등 우리 사회의 환부도 드러나고 있다. 문제는 우리 사회의 이러한 재난에 대한 대책이 늘상 '사후약방문死後藥方文'이라는 것이다. 사전에 다양한 재난을 대비하고, 재난이 닥칠 경우 피해를 최소화하는 국가·사회 시스템을 구축하는 일에 게을리 해 왔기 때문이다. 너무 늦은 정의는 정의가 아니다.

이런 점에서 '재난의 정치경제학'이 절실하다. 정치경제학은 일반적으로 경제학과 법학 그리고 정치학에 기원을 둔 학제적인 연구 분야를 가리킨다. 정치기구와 제도 및 정치환경이 시장 행동 및 양태에 끼치는 영향을 이해하고 재난의 일상화에 대비한 정부와 국회, 사법부 그리고 기업과 개인의 역할에 대해 깊이 생각해 보자는 것이다.

당초 6개월 정도면 코로나19 사태가 어느 정도 종식될 것으로 기대했으나 10월 들어 세계적으로 확진자가 3500만 명, 사망자만 100만 명을 넘어서고 있다. 지금까지 코로나19에 감염된 사람이 전 세계 인구 10명 가운데 1명꼴일 수 있다는 세계보건기구WHO 관계자의 얘기도 나왔다. 마이클 라이언 세계보건기구 긴급준비대응 사무차장이 현지시간 10월 5일 세계보건기구 이사회 코로나19 회의에서 밝힌 내용으로, 이런 추정이 사실이라면 세계 인구가 76억 명 정도인 점을 고려할 경우 7억 6000만 명 이상이 감염됐다는 계산이 나온다.[4]

또한 코로나19는 인수공통감염병으로 확산 조짐을 보이고 있다. 네덜란드, 스페인 등 일부 유럽국가에 이어 미국에서도 밍크가 코로나19에 집단으로 감염돼 폐사하는 사례가 늘고 있다. 미 NBC, CNN에 따르면 미국 유타주, 위스콘신주의 농장에서 1만여 마리의 밍크가 코로나19에 감염돼 폐사했다. 미 농무부는 밍크 외에 고양이, 개, 사자, 호랑이 등 50여 종의 동물이 미국에서 코로나19에 감염된 사례가 있는 것으로 확인했다. 네덜란드, 스페인에서도 지난 4월, 7월에 코로나19 발병이 확인돼 밍크 수만 마리가 살처분됐다.[5]

코로나19 발생 이후 대기업은 물론 중소상공인, 연예인,

체육인 그리고 시민들이 자발적으로 나서 피해지역 돕기 차원에서 현금이나 물품 기부가 이어지고, 일부 건물주가 임대료를 인하하겠다는 '착한 임대인'이 늘어난다는 소식도 있었다. 기업도 재택근무의 필요성을 절감했고, 경제적 곤란을 겪고 있는 영세민에 대한 지원책은 물론 국민청원으로 시작된 '재난기본소득'이 실제로 지급됐다.

우리는 이러한 코로나19와 같은 사회적 재난을 겪으면서 '이러한 재난에 대해 국가는 어느 정도 시장상황에 개입해야 할 것인가?' '재난을 예방하고 복구하는 관련 법령을 어떻게 제대로 만들 것인가?' '피해자에게 정신적 치유와 물질적 보상을 어떤 식으로 해야 할 것인가?' '재난을 대비해 어떻게 인력을 양성하고 재원을 마련할 것인가?' '재난 확산 과정에서 우리 사회의 불평등을 어떻게 해소할 것인가?' '어떻게 신뢰사회를 만들어갈 수 있을 것인가?' 하는 것에 대해 답을 찾으려 노력해야 한다.

또한 코로나19와 같은 감염병뿐만이 아니라 세월호 참사부터 원전사고, 태풍, 홍수, 가뭄, 지진, 쓰나미, 전쟁, 기후변화에 이르기까지 앞으로 닥칠지 모를 초대형 재난에 대응할 수 있는 국가사회 시스템을 제대로 만드는 일이 지금 국가가 해야 할 최우선 과제가 아닐까. 지금이야말로 집단지성을 발휘해 사회적 합의와 대안을 이끌어내야 할 때다. '민주공화국 대한민국'의 국민의 한 사람으로 나 자신이 주체가 돼 생각하고 행동하는 시대가 왔다. 정부나 국회도 재난의 정치경제학에 대해 보다 심도 있는 연구와 실천이 필요하다. 그래서 우리 사회가 '위험사회'를 넘어 '안전·신뢰·행복사회'로 가는 공론화의 장을 여는 계기로 삼는 것이 중요하다고 생각한다.

이 책은 지난 3월부터 10월 초까지 국제신문 인터넷판에 게재했던 '김해창 교수의 재난의 정치경제학'이란 칼럼을 바탕으로 새로 정리한 것이다. 코로나19가 막 확산되기 시작할 당시 필자는 우리 사회에 '재난의 정치경제학'의 필요성을 제안하며 이를 공론화해 집단지혜를 얻길 바랐다. 칼럼이 나가면서 좋은 반향을 일으켰다. 그 결과 23회까지 글을 이어갈 수 있었다.

이 책은 크게 4부로 나뉘어져 있다.

제1부 '노동·고용 안정'에서는 '보편복지인가 선택복지인가, 재난기본소득' '조건 없이 지급하라, 기본소득' '노동의 의미를 다시 생각한다' '금융의 사회적 책임' '경제발전, 행복지표로 새로 쓰다'라는 내용을 담았다.

제2부 '공공의료 강화'에서는 '재난을 마주한 역발상 처방' '공공성 상실의 시대' '자본주의가 낳은 안전불감증' '인

류의 자업자득, 인수공통감염병' '사회안전망의 최전선, 공공의료'을 담았다.

제3부 '불평등 해소'에서는 '임금격차, 위기사회를 불러오다' '불로소득을 사회에 환원하라' '재난의 또 다른 이름 사회적 불평등' '비대면 경제, 사회적 룰을 만들어라' '저성장·마이너스 성장에 대처하라'를 담았다.

제4부 '기후위기 대응'에서는 '안전신화로는 미래가 없다' '기후위기, 그린뉴딜로 극복하라' '재난편승형 자본주의를 경계하라' '한국판 뉴딜정책, 두 번 실패는 없다' '기후 변화와 불평등을 해결하라' '삭량자급률을 높여라' '재난대비 생존매뉴얼을 생활화하라'를 다루었다.

이 책은 코로나19 발생 이후 우리 사회의 변화와 대처과정을 그려내고, 그 가운데 필자가 대안을 찾으며 고심한 흔적을 담았다. 따라서 그간의 과정을 되돌아보면서 당시의 시점에서 어떻게 대처할 것인지 독자 여러분도 한번 고민을 해보고, 향후 대안에 대해서도 공동의 지혜를 모아나가는 것이 지금도 의미가 있고, 유용할 것이다. 코로나19는 계속 되고 있다. 늦었다고 생각할 때가 가장 빠르다는 말이 있다.

2020년 노벨 평화상은 유엔 세계식량계획[WFP]에게 돌아갔다. 노르웨이 노벨위원회는 10월 9일 노벨 평화상 수상자를 발표하면서 "세계식량계획은 기아와 식량안보를 책임지는 가장 큰 인도주의 기관"이라며 "코로나19 백신이 나오기 전 혼란에 대응하는 최고의 백신은 식량"이라고 선정 이유를 밝혔다.[6]

코로나19 확산의 한가운데서 방역에 애써 준 의료진의 헌신에 국민의 한 사람으로 고마운 마음을 전한다. K-방역이 가능하게 의료진을 묵묵히 뒷바라지해 온 많은 분들의 애씀과 방역수칙을 지켜 온 대다수 국민들의 신뢰와 협조가 있었기에 이나마 일상생활을 유지할 수 있는 것도 고마운 일이다. 반면 이런 와중에 우리는 방역에 비협조적이고 오히려 방해하는 일부 종교집단과 공공의료 확대에 반대하며 집단휴진으로 대응한 일부 의료업계의 집단이기주의적 민낯도 보았다. 코로나19는 우리 사회에 문명의 대전환의 계기를 가져다주었다. 이제 우리 사회도 대안 찾기에 나서야 한다. 인식의 전환과 집단지혜를 통해 이러한 위기를 새로운 기회로 만들어야 한다.

끝으로 어려운 가운데서도 이 책의 출판을 결정해 준 미세움 강찬석 대표님, 섬세한 손길로 멋진 책으로 만드는 데 애써 준 임혜정 편집장님께 감사드린다. 또한 추천사를 흔쾌히 써 주신 이정전 서울대 명예교수님과 윤순진 한국에너지정보문화재단 이사장님(서울대 환경대학원 교수)께 진심으로 고마움을 전한다. 이 교수님은 한국 환경경제학의 거두로 1997년 12월 지구온난화방지 교토회의[COP3] 당시 기자였던 필자가 교토에서 우연히 뵌 뒤 나중에 환경경제학을 전공하게 되는 계기를 마련해 주신 분이다. 윤 이사장님은 탈핵 에너지전환운동을 함께 하면서 많은 도움을 주셨다.

'재난의 정치경제학' 글쓰기는 실은 올 초 34년간의 교직에서 명예퇴직을 한 아내와 함께 틈틈이 집 주변의 산을 오르며 나눈 대화에서 비롯됐다. 아내는 칼럼의 최초 독자이자 조언자 역할을 충실히 해 주었다. 사랑하는 아내와 자신의 일에 충실한 두 아들에게 고마움과 격려의 마음을 전한다.

2020년 11월
경성대 연구실에서
김해창

코로나 시대, 대안 찾기의 마중물

1347년 유럽에서 창궐한 페스트는 유럽 인구의 1/4을 죽음에 이르게 하였다. 1918년 제1차 세계대전 때 발병한 스페인독감은 세계 인구의 1/3을 감염시키고 우리나라 인구에 버금가는 약 5000만 명에서 1억 명에 이르는 사망자를 낸 것으로 알려져 있다.

이번에 전 세계가 겪고 있는 코로나19 전염병은 아직까지는 인류 역사상 최악의 전염병이라고 보기는 어렵다. 코로나19 전염병의 치명률은 5% 이하라고 한다. 하지만 이번 코로나19 전염병은 첨단과학기술을 자랑하는 '세계화시대'에 등장했다는 점에서 과거의 세계적 전염병과 그 성격이 근본적으로 다르며, 그것을 극복하는 방안도 그만큼 복잡다단하다. 과학기술이 발달하였고 진단과 처방에 대한 의술이 그 어느 때보다도 향상되었지만, 문제는 교통수단이 발달하고 인적 교류가 크게 늘어나면서 바이러스의 확산도 무척 빨라 졌으며, 확산 범위가 과거처럼 지구의 한 귀퉁이가 아니라 전 지구적으로 확대되고 있다는 점이다.

어떤 학자는 코로나19의 확산으로 인한 질병은 전염병이 라기보다는 감염병이라고 부르는 것이 더 적절하다고 말한 다. 감염병이라는 말은 미생물 및 바이러스에 의해 전파된 다는 점을 더 분명히 하며, 전염병은 사람 간의 접촉이나 물 또는 공기를 통해서 전염되는 질병을 지칭한다는 것이다.

우리는 얼마 전에 사스에 이어 메르스를 겪었고 이번에 코로나19를 겪게 되었는데, 왜 이런 감염병들이 자꾸 창궐 하는가? 이에 관해서 여러 가지 주장이 있을 것이다.

하나의 유력한 주장에 따르면, 우리 인간이 무분별하고 집요하게 야생동물들의 서식지를 파괴하고 거기에서 각종 자원들을 채취하면서 환경을 훼손하는 바람에 그 동물들의 몸에 붙어살던 바이러스가 인간의 몸에 침투했다는 것이다. 그래서 코로나19를 비롯한 각종 감염병이 시작되었다는 것이 다. 사스의 경우에는 박쥐에서 사향고양이, 메르스는 낙 타, 그리고 코로나19는 천산갑을 거쳐 인간에게 전해진 것 으로 알려져 있다. 천산갑에 관해서는 중국인들이 많은 비난을 받고 있는데, 이들은 천산갑을 약재로 사용하기 위해서 무분별 포획하고 밀반입했다고 한다.

또 다른 유력한 주장에 따르면, 지구온난화로 인한 기후변화가 코로나19 감염병을 비롯한 여러 가지 유사한 재난의 근본적 원인이라고 한다. 동물들이 서식지에서 쫓겨나 점점 더 인간과 밀접하게 접촉하게 되고, 게다가 과거에는 낮은 온도에서만 발견됐던 병원균들이 점차 따뜻한 기후에 적응하기 시작하였다는 것이다.

코로나19 감염병이 창궐하는 이때에 맞추어 김해창 교수가 최근 《재난의 정치경제학》이라는 역작을 출간하게 되었다. 참으로 시의적절한 저서라고 생각한다. 잘 알려져 있듯이 코로나19 감염병은 우리나라뿐만 아니라 전 세계에 걸쳐 막대한 경제적 피해를 주고 있다. 김 교수는 경제학자이고 그동안 재난에 대하여 많은 관심을 가져왔기 때문에 재난을 경제학적으로 설명하는 데에는 최적임자라고 할 수 있다. 사실, 경제학자들 중에서 김 교수처럼 재난에 관해서 특별한 관심을 가지고 연구하는 학자는 아직까지는 거의 없다. 이런 점에서도 김 교수는 독보적인 존재고, 그의 이번 책은 특별한 의미를 가진다. 김 교수는 환경문제의 전문가이기도 하다. 따라서 코로나19 감염병을 비롯한 각종 유사한 재난에 대한 근본적인 해설을 제시해 줄 수 있는 학자다.

김 교수는 이 책에서 재난에 대한 원인 규명뿐만 아니라 각종 처방도 다양하고 폭넓게 제시하고 있다. 예를 들면 요즈음 많이 거론되고 있는 재난지원금과 공공의료에 관해서도 많은 얘기를 들려주고 있다. 따라서 재난 관련 전문가나 공무원들에게도 일독을 권하고 싶다.

  이 책의 또 하나의 특징은 재난 문제를 매우 폭넓게 다루고 있다는 점이다. 예를 들면, 불평등의 문제, 기후변화의 문제, 경제성장의 문제, 행복의 문제 등과 연결해서 재난 문제를 상세히 다루고 있다. 재난 문제를 단순히 재난으로 끝낼 것이 아니라 사회적 차원에서 폭넓게 이해해야 한다는 메시지를 던지고 있다.

  따라서 이 책은 재난에 관련해서 매우 폭넓은 시각을 가질 수 있게 한다. 아무쪼록 이 책이 재난에 관한 국민의 의식수준을 높이고 재난에 효과적으로 대처하고 예방하는 데 큰 보탬이 되기를 바란다.

서울대학교 명예교수 · 전 한국자원경제학회 회장
이정전

복합위기시대 재난의 파고를 넘기 위한
나침반이자 등대

2020년도 이제 얼마 남지 않았다. 새로운 해 2020년을 시작하면서 참으로 특별한 해라 느꼈다. 우리가 일생을 살면서 같은 숫자가 반복되는 해를 두 번 이상 만나기는 어렵다. 아마도 한 번도 만나지 못하는 사람들도 있을 것이다. 그래서 3·1운동이 일어났고 대한민국임시정부가 출범해서 대한민국의 건국 원년이 되어 특별한 해였던 1919처럼, 긍정적인 기대감을 가지고 한 해를 열었던 기억이 있다.

2020년도 참으로 특별한 해였다. 하지만 좋은 일이 일어날 것 같은 기대와 달리 복합위기시대의 서막을 연 해였다. 코로나19 바이러스가 촘촘하게 연결되어 있던 전 세계 곳곳에 확산되었다. 감염 확산을 막기 위한 사회적 거리두기와 일부 국가와 도시의 봉쇄조치로 세계 대다수 국가들에서 경제성장률이 마이너스를 기록하였다. 사회 속에 내재해 있던 빈부격차의 민낯이 드러나면서 재난은 그런 사회불평등을 더욱 심화시켰다. 광범위한 검사^{Testing}와 끈질긴 추적^{Tracing}, 신속한 격리와 진료^{Treating}의 3T에 기반한 K-방역으로 세계 어떤 국가에서보다 코로나19를 잘 막아낸 덕분에 다른 국가들에 비해 경제 상황이 상대적으로 나아 경제협력개발기구 국가들 중에서 최고 성장률을 보였지만 그래도 우리나라 또한 마이너스 성장을 벗어나지 못했다. 감염병위기는 경제위기를 동반하였다.

또 한편으로 올해 우린 기후위기의 심각성을 체감할 수 있었다. 무려 54일에 이르는 최장 장마를 경험하였다. "이번 비의 이름은 장마가 아니라 기후위기"란 말이 SNS를 따라다녔고 많은 이들에게 깊이 각인되었다. 저기 멀리 극지방의 북극곰이나 방글라데시의 수재민에게나, 또는 먼 미래 후손들에게나 일어날 것 같았던 기후위기가 실상은 '지금, 여기, 나'에게 일어나고 있는 문제란 사실을 체감할 수 있었다. 2020년은 기후위기 현실을 체감하도록 한 인식 전환의 원년이 아닐까 한다.

게다가 감염병위기가 기후위기와 맞물려 있다는 사실 또

한 널리 공유되었다. 대규모 개발사업이나 방목과 가축 사료작물 재배를 위한 인위적인 산불로 숲이 파괴되고 인간은 야생동물들에게 점점 더 다가가게 되었다. 야생동물 또한 서식처를 잃게 되어 먹이를 찾아 인간의 주거지로 다가오게 되었다. 그래서 예전에는 인간을 숙주로 하지 않았던 바이러스가 인간으로 옮겨오게 된 것이다. 또한 기후위기로 인해 늘어난 산불과 가뭄, 홍수, 산사태, 사막화 등으로 숲이 파괴되기도 했다. 숲의 파괴는 대표적인 온실기체인 이산화탄소의 흡수 저장고를 줄여버림으로써 대기 중 이산화탄소 농도를 높여 기후위기를 심화시키게 되었다. 기후변화의 원인이 되는 지구온난화로 인해 영구동토가 녹으면서 그 안에 얼어 있던 고대균과 바이러스가 깨어남으로써 또 다른 감염병의 발병과 확산 가능성도 높아지고 있다.

하지만 위기는 널리 알려진 것처럼 위험과 기회의 양면을 갖고 있다. 저자인 김해창 교수가 책에서 언급한 고 울리히 벡 교수는 현대 산업사회를 위험사회라 칭하면서 위험이 현실화한 재난이 해방적 파국이 될 수 있음에 주목하였다. 재난은 비극적인 사태를 야기하지만 긍정적인 부수효과good side-effect도 있다는 것이다. 무엇이 재난을 야기했는지를 성찰하면서 그러한 재난을 막을 수 있는 방안을 성찰하여 개인과 사회의 탈바꿈을 야기하고 이를 통해 파국적 재난을 넘어 해방으로 나아갈 수 있도록 한다는 것이다. 이러한 과정이 바로 성찰적 근대화의 과정이라 할 수 있을 것이다.

김해창 교수의 《재난의 정치경제학》은 바로 이 맥락에서 성찰적 근대화를 통해 해방으로 나아가는 탈바꿈의 계기를 제공한다. 재난에 대한 정치경제학적 이해를 시도함으로써 우리가 마주하고 있는 복합위기의 정치적 경제적 법제도적 원인에 대해 고민하고 어떻게 이런 재난을 넘어설 것인지 해결방안을 모색하도록 이끈다. 위험사회에서는 재난의 가능성을 영^{0}으로 만들 수는 없지만 재난의 발생 가능성과 재난이 야기할 파장을 되도록 낮출 수 있는 현명한 해결책을 모색할 수 있을 것이다. 더군다나 재난의 영향은 결코 평등하지 않다. 사회경제적 약자층이나 생물학적 약자들에게 한층 가혹하다. 그러기에 재난이 가져올 불평등의 심화를 막으면서 오히려 기존의 불평등의 정도를 줄여나갈 수 있는 방안을 모색할 때 지속가능한 사회로의 전환 가능성은 더욱 높아질 수 있을 것이다.

산업화 이전 대비 1.5℃ 이내로 온도 상승을 억제하는 것은 이제 전 인류의 과제가 되었다. 기후위기는 단순히 기상문제가 아니라 경제문제이며 결국은 생존문제다. 코로나19 위기는 일상 질서가 교란될 때 얼마나 심각한 경제적 파국이 야기될 수 있는지 보여주었다. 기후위기는 코로나19를 넘어서는 일상의 파괴를 가져올 것이다. 질병위기와 기후위기, 경제위기, 나아가 불평등위기까지 결합된 복합위기시대, 《재난의 정치경제학》은 우리가 무엇을 고민하고 어떻게 나아가야 할지 재난 발생의 구조적 뿌리를 들여다보며 차분하게 성찰할 것을 요청한다. 혼자가 아니라 함께, 복합위기시대 재난의 파고를 넘기 위해 《재난의 정치경제학》이 나침반과 등대의 역할을 하지 않을까 기대해본다.

한국에너지정보문화재단 이사장 ·
서울대 환경대학원 교수
윤순진

차례

제1부
노동 · 고용 안정

제2부
공공의료 강화

제3부
불평등 해소

제4부
기후위기 대응

일러두기

1. 본문 중 환율은 2020년을 기준으로 환산한 것입니다.

2. 인명, 지명 및 외래어는 굳어진 것은 제외하고 국립국어원의 외래어 표기법과 용례를 따랐습니다.

3. 일부 출처를 알 수 없어 저작권자의 허가를 받지 못한 사진에 대해서는 저작권자가 확인되는 대로 절차에 따른 계약을 하겠습니다.

노동 · 고용 안정

"일자리를 보장하라"

01

보편복지인가 선택복지인가, 재난기본소득

2019년 3월 1일자 국제신문 인터넷판에 게재한 '김해창 교수의 재난의 정치경제학' 첫 번째 칼럼이 나가고 난 뒤 '재난은 사회적 불평등을 가속화시킨다' '너무 늦은 정의는 정의가 아니다'라는 말에 많은 분이 공감을 해 주었다.

3월 3일 서울특별시와 경기도가 사회적 거리두기를 위한 2주간의 '잠시 멈춤' 캠페인을 제안했다. 핵심은 외출이나 타인과의 만남을 자제하고, 주로 전화·인터넷·SNS로 소통하며, 개인 위생수칙을 잘 지키자는 것이었다. 방역당국과 의료진의 헌신과 노고에 감사의 박수를 보내지 않을 수 없었다. 그러나 앞만 보고 달리는 자는 찬찬히 살필 수가 없는 법이다. 코로나19 방역만이 아니라 우리 사회가 처한 총체적 위기를 다시 점검하고 살피는 소중한 시간이 당시 필요했다.

인간다운 삶을 보장하라, 기본소득제

지난 3월, 코로나19 재난으로 극심한 어려움을 겪고 있는 분들을 위해 신속하고 다양한 선제적인 방안들이 강구되어야 했다. 당시 활발히 논의되기 시작된 것이 '재난기본소득'이다. 이재웅 쏘카 대표가 3월 1일 코로나19 확산에 따른 경제위기 극복을 위해 '재난기본소득 50만 원을 어려운 국민들에게 지급해 주세요'라는 국민청원을 넣었다. 이 대표는 "경계에 서 있는 소상공인, 프리랜서, 비정규직, 학생, 실업자 1000만 명에게 마스크를 살 수 있는, 집세를 낼 수 있는, 아이들을 챙길 수 있는, 집에서 라면이라도 먹을 수 있는 소득이 필요하다"고 주장했다. 그는 재난기본소득 50만 원씩을 1000만 명에 주면 5조, 2000만 명에 주면 10조 원인 '사람을 살리는 예산'으로 추경을 확보할 것을 강조했다. 3월 4일 오전 청와대 국민청원 게시판[1]에 5300여 명의 동참자가 생겼다. 필자도 5169번째로 동의 서명을 했다.

언론도 '이재웅의 "재난기본소득 지급" 제안 검토해 볼 만하다'[2]는 제목의 사설, '한번 해보자, 코로나 기본소득제'[3]라는 제목의 칼럼 등으로 호응했다. 불과 며칠 사이에 여야 정치권도 '재난기본소득'의 필요성에 대해 전보다 진전된 관심을 보였다.

우리나라에서 기본소득제 도입 주장은 2012년 대선 때 청소 노동자 출신의 무소속 김순자 후보가 내건 월 33만 원의 '국민기본소득제'가 최초의 정치공약일 것이다. 2020년 1월 기본소득당이 21대 총선 출마 기자회견을 하면서 기후위기와 4차산업혁명시대의 핵심 정책으로 매월 60만 원의 기본소득 제공과 공공·사회 서비스 강화를 제시했으며, 그 외 일부 소수 정당에서 기본소득을 공약으로 내놓았다.

기본소득제는 2020년 미국 대선에서도 이슈로 등장했다. 미국 대선 민주당 경선에서 대만계 기업가 앤드류 양 후보가 비록 지난 2월 중도 사퇴를 표명했지만 선거 유세 초반에 "18세 이상 모든 성인 미국인에게 매달 1000달러(약 118만 원)의 보편적 기본소득UBI을 지급하겠다"는 것을 최대 공약으로 내세워 인기를 끌었다.[4]

재난기본소득과 관련해서는 기본소득의 보편적 성격과 혼동이 돼 개념상 다소 혼란스러운 면이 있다. 기본소득basic income이란 재산이나 소득의 많고 적음, 노동 여부나 노동 의

사와 상관없이 개별적으로 모든 사회 구성원에게 균등하게 지급되는 소득을 말하는데, 2004년 독일의 기업인 괴츠 W. 베르너Götz Wolfgang Werner가 처음 주창했다. 베르너의 기본소득 구상은 독일 시민 모두에게 매월 1500유로(약 210만 원)를 지급하는 '보편적 기본소득'을 가정하고 있다. 그 뒤 농민· 청년·사회적 약자 등 특정계층을 대상으로 한 '선별적(제한적, 조건부) 기본소득' 도입에 대한 제안이나 관련 실험이 세계 곳곳에서 이뤄지고 있다. 현재 거론되고 있는 재난기본소득은 일종의 '조건부 기본소득'으로 볼 수 있다. 이 점에서 기본소득 문제는 2011년 초중학교 무상급식문제를 놓고 보편적 복지냐 선별적 복지냐 하던 논쟁과 닮았다.

세계 각국에선 기본소득 도입과 관련해 지자체 차원에서 기본소득의 효과에 관한 실험들이 다양하게 이뤄지고 있다. 미국 캘리포니아주 스톡턴Stockton시는 2019년 2월부터 주민들에게 월 500달러(약 60만 원)를 지급함으로써 소득불안을 해소하고 삶을 바꾸고자 하는 '310만 달러 프로그램'을 추진하고 있다. 이 프로그램 재원은 실리콘밸리 기업의 100만 달러 기부도 포함돼 있다. 스톡턴의 평균 중위소득 4만 6033달러(약 5500만 원) 이하 가구의 무작위 표본을 통해 125명의 참가자를 모집해 18개월간 직불카드로 매월 500달러를 지급한다. 25명의 시민전문가가 이러한 과정을 분석

해 대중과 공유하기로 했다. 최종보고서는 2021년 7월에 나
올 예정이다.[5]

이탈리아 해안도시 리보르노 필리포 노가린Livorno Filippo
Nogarin 시는 2016년 6월 극빈가구 100세대에게 임대료와 식량
등 기본비용 충당을 위해 월 537달러(약 64만 원)를 주는 조
건부 기본소득사업을 시작했다. 이 사업은 실업급여 부족과
최저임금법의 허점으로 인해 전혀 보호받지 못하는 이탈리
아의 극빈가정에 큰 위안이 된다는 평을 받고 있다.[6]

재난기본소득, 어떻게 제도화할 것인가

재난기본소득제 도입을 두고 다양한 논란이 있을 수 있
다. 재난기본소득제가 만병통치약이 될 수는 없을 것이다.
그러나 '궁즉통窮卽通'이라는 말처럼 궁하면 통하는 법이다.
공동체성의 회복은 사회적 약자에 대한 우선 배려로부터 시
작하기에 우선 지원이 필요한 여러 방안들을 찾고 실현 가능
한 구체적 방법들을 위해 모두의 지혜를 모을 필요가 있다.

필자는 당시 재난기본소득을 제도화하기 위한 구체적 방
법론 몇 가지를 제안했다.

첫째, 재난기본소득제 도입의 필요성과 절박함을 정치권

이 인정하고, 여야가 공히 당내는 물론 국회 내에 '재난기본소득제 도입 특위'를 구성해야 한다. 보편적 기본소득이냐 선별적 기본소득이냐에 대한 공론화를 이끌어 내고 국민의 공감대를 형성해야 한다. 이것을 21대 총선의 주요 이슈로 삼고 정책정당으로 거듭나는 모습을 국민들에게 보여주면 좋겠다. 기본소득제를 공약으로 내세운 소수 정당들도 보다 적극적으로 구체적인 대안을 내놓고 국민 설득에 나서야 한다.

홍콩 정부는 지난 3월 1일 710억 홍콩달러(약 11조 원)를 투입해 18세 이상 약 700만 명의 영주권자에게 1만 홍콩달러(약 155만 원)씩을 지급하기로 했다.[7] 이는 수개월간의 시위와 코로나19 발병으로 추가 타격을 받은 후 침체된 홍콩의 경제 활성화를 위한 것으로 보인다. 이 사례가 지금 우리가 이야기하는 '재난기본소득제'의 취지와 가장 맞아떨어진다.

둘째, 현재 추경 확보에 급급한 정부도 재난기본소득제의 취지를 충분히 살리고 이를 현실화하기 위해 정부 내 종합 태스크포스팀을 만들어 긴급생활비 지원과 함께 중장기적인 '재난기본소득제' 나아가 '보편적 기본소득제'에 대한 대안을 내놓아야 한다. 기존의 '사후약방문'식 경제진흥대책이 아니라 고통을 받는 '경계선에 있는 국민 한 사람 한 사람'의 입장에서 경제적, 정신적 어려움 또는 필요한 것이 무엇인지부터 파악하려고 노력해야 한다. 이를 위해 경계선에 있는 국민들의 코로나19 사태와 관련된 일련의 사회적 고통 및 피해, 사회적 비용에 대한 심도 있는 실태조사가 있어야 한다.

셋째, 이번 코로나19 사태의 경우 지금까지 다른 어떤 재난 질병에 비해 전염성이 빠르고, 광범위하며, 언제 종결될지 알 수 없다. 따라서 재난의 피해자나 취약층에 대한 신속한 지원대책이 절실하다. 확진자 · 격리자와 그 가족들, 실업자 · 취업준비생 · 홀로어르신 등 사회적 약자층, 비정규직 노동자 · 자영업자 등 재난의 여파로 수입이나 매출액이 급감해 피해를 입는 계층에 대해 어느 소득분위까지 지급할 것인지 기준을 정하는 것이 매우 중요하다. 중소상공인이나 대기업은 별도의 경기회복 정책으로 풀어야 할 것이다. 정부도 전 국민을 대상으로 한 긴급재난지원금 지급이 결정되기 전인 지난 3월 4일 '저소득층 4인가구에 월 35만 원 상품권 4개월분을 제공하는 등 저소득층 등에 재난기본소득 개념의 상품권을 지급해 생계를 안정시키는 동시에 소비 여력도 끌어올리겠다'는 취지의 추경예산 11조 7000억 원을 마련했다. 그중 2조 원 가량을 소비쿠폰, 특별돌봄 쿠폰 등 상품권 지급에 투입하겠다고 밝혔다. 당시 중위소득 기준 하위 40~50%로 전국 137만 7000가구, 189만 명이 대상이 될 것으로 보았다.[8] 정부는 이 조치에 재난기본소득 취지가 일부 반영됐다고 했다.

그러나 재난기본소득의 취지가 반영돼 국민의 지지를 받기 위해서는 국가재정을 고려하더라도 중위소득 기준의 대상범위를 대폭 늘리고, 상품권 지급만이 아니라 현금 지급도 이뤄져야 한다. 상품권만으로는 사회적 취약계층의 요구를 충족할 수 없기 때문이다. 그래야 '긴급생활지원비'를 넘어 '재난기본소득'의 취지에 가까울 것이다. 아울러 미국과 이탈리아 등 외국의 지자체 사례에서 본 바와 같이 광역 또는 기초지자체 차원에서 단기간의 재난기본소득 실험을 시범적으로 실시해 재난기본소득의 최적 모델을 만들어 낼 필요가 있다.

끝으로 재난기본소득을 비롯한 기본소득제의 가장 큰 문제는 재원 확보와 국민의 공감대 및 사회적 합의를 얻는 일일 것이다. 재난기본소득제 공론화를 통해 진정 국가와 국민이란 무엇인가를 공동체가 함께 생각하는 계기를 만드는 게 중요하다. 재난기본소득의 핵심은 재난 가운데 가장 피해를 입게 되는 사회적 약자 계층에 대해 우리 사회가 국가공동체로서 이들의 생명과 안전을 지원하고, 이러한 과정에 부의 불평등, 사회적 불안을 해소해 사회적 안전망을 구축하는 일이라는 사실을 놓쳐선 안 된다. 지금이야말로 너 나 없이, 여야 없이 감염병의 재난 대응을 통해 '공동체의 건강성'을 회복하는 지혜와 힘을 모아야 할 때다.

조건 없이 지급하라, 기본소득

사람을
사람답게

기본소득, 재원 마련은 가능한가

재난기본소득의 취지에 대해 많은 국민이 공감을 하고, 기본소득을 핵심공약으로 내세운 소수정당은 물론 여야 다수당도 긍정적인 입장을 보이고 있다 하더라도 문제는 실현성이다. 즉, 재난기본소득이든 보편적 기본소득이든 기본소득의 재원을 어떻게 마련하느냐가 열쇠다. 기본소득제의 취지가 좋다고 해도 재원 확보와 관련해 국민의 공감대를 얻는 일이 결코 쉬운 일이 아니기 때문이다.

2016년 6월 스위스는 모든 거주자에게 매월 2500스위스프랑(약 310만 원)을 지불하는 세계 최초의 보편적 기본소득안을 국민투표에 부쳤으나 투표율 46.3%에 찬성 23.1%, 반대 76.9%로 부결됐다. 당시 재원 부족과 경제 경쟁력 저하 우려로 반대표가 높았던 것으로 분석된다.

재난기본소득에 대한 다양한 논의들을 바탕으로 정부와 국회는 기본소득 도입의 필요성과 재원 마련에 관한 연구를 해 나가야 한다. 또 공론화를 통해 법제화할 수 있는 방안을 찾아야 한다. 재원 마련이 문제지만 무엇보다 기본소득 도입에 대한 실천 의지가 관건이다.

우리나라 민간 싱크탱크 '랩 2050'은 2019년 10월 국민기본소득제 연구결과 보고회를 열고 '2021년부터 전 국민에게 매달 30만 원 기본소득 지급이 가능하며, 세제개편을 잘 하면 2028년까지 생계급여 수준인 65만 원까지도 가능하다'고 밝혔다. 월 30만 원 기본소득 지급에 필요한 재원은 약 187조 원이다. 재원은 비과세 · 세금감면제도를 폐지해 세금제도의 누진성을 강화하는 것으로 토지보유세 강화, 부유세 도입, 탄소세 도입, 부가가치세 인상, 주식양도차익과세 정상화 등 다양한 재원 마련 방안을 검토해 가능하다는 것이다.[9]

2018년 페이스북 공동창업자인 크리스 휴즈Chris Hughes는 자신의 저서 《Fair Shot페어 샷》에서 "1년에 5만 달러(약 6000만 원) 이하를 버는 미국 노동자, 학생, 간병인은 월 500달러(약 60만 원)의 보장된 수입을 국가로부터 받아야 한다"며 저소득층을 대상으로 조건 없는 기본소득을 지급할 것을 주장했다. 휴즈는 기본소득의 재원으로 상위 1%의 세금 조달이면 된다고 제안했다. 그의 주장은 오바마 전 미국 대통령이 상위 1%의 사회적 책임을 강조한 '중산층 경제학'의 재원 조달과 맥을 같이 하고 있고, 페이스북 최고경영자인 마크 주커버그와 마이크로소프트사 창업주 빌 게이츠 등도 동의한다. 휴즈의 저소득층을 대상으로 하는 조건부 기본소득은 재난기본소득의 취지와 같은 선상에 있어 보인다.

타이완도 2019년 말부터 기본소득제를 놓고 'UBI TAI-WAN'과 같은 시민단체가 국민투표를 추진하고 있다. 농촌을 떠나는 젊은층이나 고령자 빈곤층을 겨냥한 것으로 성인에게는 1만 2608신타이완달러(약 50만 원), 18세 미만은 그 절반을 지급하는 방안이다. 이 정책에 타이완 GDP의 19%인 3조 4000억 신타이완달러(약 135조 5000억 원)가 소요될 것으로 추정된다. 연간 84만 신타이완달러(약 3350만 원) 이상의 소득에 31%의 세금을 부과함으로써 인구 3분의 2의 수입을 보전하게 될 것으로 전망하고 있다.[10]

다른 방안으로, 소비세를 기본소득의 재원으로 삼는 것이 좋다는 견해가 있다. 기본소득에 대한 세계적인 관심을 촉발시킨 독일의 체인점인 DM(데엠) 창업자이자 칼스루에 대 교수인 괴츠 W. 베르너는 2007년 《Einkommen für alle. Der dm-Chef über die Machbarkeit des bedingungslosen Grundeinkommens 모든 이를 위한 소득-기본소득의 제안》에서 '현재의 사회보장 시스템을 잘 통합하면 무조건적 기본소득이 가능하고, 그렇게 되면 누구나 생존 걱정에서 해방돼 자유로운 시민으로 활동하고 뜻있는 일을 할 수가 있다'고 강조한다. 기본소득의 재원을 소비세에 두고, 소비세 이외 세금을 최종적으로 전폐하되, 소비세의 단계적 인상과 법인세 인하, 소득세 경감, 연금·실업수당·건강보험·아동수당 등의 사회적 급부 및 기타 보조금 전폐를 통해 15~20년 걸려 완전한 기본소득제를 실시하자는 것이다. 그는 재원을 소득세로 할 경우 사회적 수용성에 어려움이 있을 것으로 판단해 소비세에 집중했다고 말한다.

베르너의 기본소득은 독일 국민 한 사람에게 매월 1500유로(약 210만 원)를 지급하되 연령에 따라 단계를 둬 최고지급액은 35세부터 50세 사이가 되고 그 후는 다시 줄어든다. 18세 미만인 경우 친권자가 대신 받는다. 그의 제안이 실현되려면 소비세율(부가가치세)을 적어도 35.8% 이상으로 높여야 하는데 이는 소비세율이 가장 높은 헝가리(27%), 스웨덴(25%)보다도 훨씬 높아 소비세만으로 재원을 마련하기는 비

현실적인 면이 크다는 비판이 있다.

한국 기본소득네트워크 대표인 강남훈 한신대 교수는 2010년 10월 한일 기본소득네트워크 심포지엄에서 우리나라 국민 1인당 월 25만 원(연간 300만 원)의 기본소득을 지급하는 방안을 제시했다. 재원은 약 146조 원이 필요한데, 이는 조세개혁을 통해 이자·배당 등에 중과세 부과, 파생상품 거래세와 환경·토지세 등을 신설하는 등 경제협력개발기구 회원국 중 하위수준인 총 조세부담률을 2008년 현재 26.6%에서 35% 정도로 끌어올리면 충분히 조달된다고 밝혔다.[11]

그러나 최근 증세 없이 기존 예산만 잘 조정해도 가능하다는 계산이 일본 학계에서 나오고 있다. 일본의 경제평론가 야마사키 하지메山崎元는 일본은 연금·고용보험·아동수당 및 각종 공제를 기본소득으로 바꿈으로써 증세하지 않고 일본 국민 1억 2500명에게 매달 4만 6000엔(약 50만 원)의 기본소득을 지급할 수 있다고 주장한다. 구체적으로는 일본의 사회보장급부비 총액이 2013년에 99조 8500억 엔인데, 여기서 의료예산 30조 8400억 엔을 뺀 69조 엔을 일본 인구 1억 2500만 명으로 나누면 월액 4만 6000엔이 된다는 것이다.[12] 교토부립대학 복지사회학부 오자와 슈지小澤修司 교수도 일본은 월 5만 엔(약 56만 원) 정도의 기본소득 지급이라면 증세

없이 현행 제도로 가능하다고 시산하고 있다.[13]

이 밖에 정부가 직접 화폐를 발행해 나오는 통화발행이익으로 기본소득제 실시가 가능하다는 주장이 있다. 일본의 평론가인 세키 히로노關曠野는 〈녹색평론〉(2010년 7~8월호)에 '기본소득과 새로운 삶의 방식'이란 글에서 '사회변혁 도구로서의 기본소득'을 강조했다. 기본소득을 실시할 때 수도권을 5년 정도 소득보장 대상에서 제외시키면 수도권의 집중된 인구, 특히 젊은층의 지방 이동을 유도해 '도쿄 일극極사회' 탈피를 기대할 수 있다는 것이다.

재원은 정부가 중앙은행과는 별도로 자체 발행하는 통화를 소득보장을 위해 사용하면 국가부채가 되지 않는다고 주장한다. 그는 베르너처럼 소비세만을 기본소득의 재원으로 하면 소비세율이 너무 높아 기본소득을 보장하더라도 상품 가격이 높아져서 아무것도 살 수 없게 된다며 공공통화를 발행함으로써 해결할 수 있다고 강조한다. 국민의 필요 내지는 수요에 관한 통계자료를 근거로 통화를 발행해 기업에 융자하면 경제는 순조롭게 돌아갈 것이라는 것이 그의 주장이다. 이 주장은 화폐발행이익을 재원으로 삼아 기본소득을 실시하자는 1920년대 클리포드 H. 더글러스의 '사회신용론'을 바탕으로 한 것이다. 더글러스는 화폐발행이익을 재원으로 기본소득을 실시하면 새로운 증세가 필요 없으며 동시에 인플레이션이 일어나더라도 장기국채를 발행해 중앙은행으로 인수하게 하면 된다고 강조했다.

기본소득, 유연하게 대처하라

이러한 사례를 바탕으로 우리나라 기본소득의 재원 마련을 위해서는 우선 소비세를 다소 높일 필요가 있다. 경유 등 기름값, 화석연료, 플라스틱 제품, 고급가전 제품·자동차 등의 소비세율은 높이는 대신 기초생필품 소비세율은 낮출 필요가 있다. 그리고는 점진적으로 소득세나 자산세를 높여야 한다. 특히 금융소득이나 부동산 불로소득에는 확실히 과세해야 한다. 이와 함께 기존의 각종 복지 관련 수당 등 예산을 통합해 조건부 또는 보편적 기본소득으로 전환해 나가는 것이 중장기적으로 바람직할 것이다. 당장은 우리나라 현실에서 소득분위가 낮은 계층에 대한 '맞춤형 최저생계비 지원'이라는 재난기본소득의 취지를 놓쳐서는 안 된다.

또한 세계 각국에선 보편적 기본소득에 앞서, 전 단계로 농민·청년기본소득 등 조건부 기본소득에 대한 사회실험이 이어지고 있다. 앞으로 저출산 고령화가 심각해지면 식량자급의 원천인 농촌 소멸이 심각한 재난으로 다가올 것이기 때문이다. 프랑스의 정책연구기관인 프랑스 스트레티지 France Strategie가 2020년부터 모든 농민에게 연간 8000유로(약 1045만 원)의 기본소득을 지급하고 작업량에 따라 보조금을 추가로 지급하자며 사실상 '농민기본소득'을 제안했다. 목초지 유지, 윤작, 생물다양성 보호 등 환경적 편익을 가져다주는 활동에 대해선 보조금을 지급하는 대신 온실가스 배출, 농약·화학비료 사용에 대해선 세금을 부과하는 방식이다. 이렇게 하면 농업 종사자 수를 유지하면서 농업의 지속 가능성을 높일 수 있을 것이다.[14] 우리나라에선 도시청년의 농촌이주지원금 또는 농민기본소득 보장 차원에서 경기도가 '청년기본소득'에 이어 2020년 하반기부터 농민 개개인에게 지원하는 '농민기본소득'을 시행할 예정이라고 밝힌 것은 퍽 고무적이다.[15]

기본소득제는 앞으로 제4차 산업혁명 과정에서 자동화로 인한 양극화문제 해결을 위해서도 필요한 제도다. 인공지능이 노동을 대체함으로써 수익창출의 대부분이 CEO에게 돌아가는 구조에서 노동자는 실직을 비롯해 심각한 경제적 타격을 입을 수밖에 없다. 이 경우 국가는 로봇세, 부자증세, 징벌적 과징금, 소득비례 차등벌금제 등의 도입을 통해 보편적 기본소득제를 시행하는 것만이 대안이라고 전문가들은 입을 모으고 있다.

이번 코로나19 사태를 계기로 우리는 좀 더 장기적이고 총체적인 재난에 대비해야 한다. 앞으로 다가올 기후위기나 제4차 산업혁명이 가져올 문제들을 해결하기 위해서는 지금과 같이 '욕망이 더 큰 욕망을 낳는' 탐욕적인 자본주의 시스템, 사회적 불평등과 양극화를 심화시키는 세습자본주의를 개선할 필요가 있다. 관건은 전 지구적인 문제를 인식하고 공동체성을 회복하는 것, 국가공동체가 지속가능성, 국민 한 사람 한 사람의 존엄성을 어떻게 인식하고 사회적 양극화를 줄여 가느냐에 대한 정치적, 정책적 결단이다.

03

노동의 의미를 다시 생각한다

위기의 노동

코로나19 이후 우리 사회의 고용률과 실업률 지표는 심각하다. 특히 청년 일자리가 급격히 줄어들었다. 고용불안이야말로 그 자체가 재난이다. 앞으로 다가올 제4차 산업혁명에서 노동자가 설 자리는 어디일까? 과연 제레미 리프킨이 말한 대로 '노동의 종말'이 올 것인가? 우리는 이 시점에서 노동의 의미를 다시 한 번 생각해 보아야 할 것 같다. 차기 대선 주자들을 비롯해 여야 할 것 없이 '전 국민 고용보험제'와 '기본소득제'가 정치·경제의 주요 의제로 떠오르고 있다. 지금이야말로 새로운 노동관, 새로운 대안경제를 만들어 내는 데 지혜를 모아야 할 때다.

코로나19로 인한 고용한파가 2008년 금융 위기, 2016년 메르스 당시보다 더 매서운 것으로 나타났다. 통계청의 최근 고용지표를 금융 위기·메르스 사태 때와 비교한 결과다. 고용원 있는 자영업자 수가 2020년 2월 145만 9000명에서 3월 139만 8000명, 4월 138만 8000명으로 내리막길이다. 총 자영업자 수에서 이들의 비중도 2월(26.60%), 3월(25.24%), 4월(24.86%) 줄곧 감소했다. 금융 위기 때인 2008년 10~12월 고용원 있는 자영업자 비중은 25.13%에서 26.12%로 늘었고, 메르스 사태 때인 2015년 6~8월 28.46%에서 28.60%로 소폭 증가했다. 일시 휴직자는 2020년 2월 61만 8000명에서 5월 160만 7000명으로 3배 가까이 폭증했다. 2008년 10~12월 23만 7000명에서 30만 7000명으로 7만 명 증가한 것과 대비된다. 올해 2~4월 20대 고용률은 56.6%에서 54.6%로 2.0%p 떨어져 20대의 고용 둔화세가 뚜렷하다. 같은 기간 실업률은 20대 9.0~9.7%, 30대 3.3~3.5%, 40대 2.4~2.8%다. 반면 2015년 6~8월 20대 고용률은 58%에서 58.2%로, 실업률은 9.8%에서 7.8%로 각각 증감했고, 2008년 10~12월 20대 고용률은 58.9%에서 58.1%로 줄었으나, 감소폭은 크지 않았다.[16]

문재인 대통령은 지난 5월 취임 3주년 특별연설에서 모든 취업자가 고용보험 혜택을 받는 '전 국민 고용보험 시대'의 기초를 놓겠다고 선언했다. 우선 예술인·특수고용노동자·플랫폼 노동자·프리랜서 등 고용보험 사각지대를 해소하고, 자영업자들에 대한 고용보험 적용은 사회적 합의를 통해 '점진적으로 확대'하자는 단계론을 제시했다. 이에 오건호 내가만드는복지국가 공동운영위원장은 '포스트 코로나 위해 전 국민 고용보험제를!'이란 글을 통해 문 대통령의 '단계론'은 기존의 안이함을 드러낼 뿐, 전 국민 고용보험을 하려면 '전면 전환'을 추진해야 한다고 강조했다.[17]

그는 우리나라 현실에서 전 국민 고용보험을 실현하려면 고용보험에서 사용자 요건을 없애, 임금이든 수당이든 노동자가 얻은 '소득'을 기반으로 누구든지 국세청에 신고된 소득의 일정 몫을 고용보험 기여금으로 납부하면 가입이 완료되는 방식을 택할 필요가 있다고 제안했다. 또한 자영업자에 대해서는 정부가 사용자 몫을 지원하겠다고 천명해야 한다고 주장했다.

고ᵼ 박원순 전 서울시장은 전 국민 고용보험제의 전면 실시를 강조했다. 지난 6월 7일 SNS를 통해 박 전 시장은 "노동자, 자영업자 합쳐 2400만 명 중 특수고용노동자·프리랜서 등 1400만 명은 일자리를 잃거나 소득 급감을 경험하고 있는데, 이분들은 불행하게도 4대 보험, 고용보험이 적용되지 않는다"며 "전 국민 고용보험제를 실시하면 그분들에게 우산을 씌워드리는 것인데, 국가재정은 1조 5000억 원 정도로, 나머지는 약간의 사회적 연대와 본인들이 약간 내는 것"이라고 말했다.[18]

기본소득당 용혜인 의원은 "전 국민 고용보험은 불안정한 일자리의 최소 안전망을 만드는 정책이고, 전 국민 기본소득은 일자리가 없는 시대에 최소 안전망을 만드는 정책"이라며 "모두 우리 국민의 생계를 책임지는 일자리와 소득의 문제지만, 보편적 기본소득제의 도입은 우리 사회가 피할 수 없는 부의 편중, 일자리의 소멸, 생계소득의 증발과 같은 제4차 산업혁명의 구조적 문제를 예비하는 중요한 정책"이라고 역설했다.[19]

미래통합당 경제혁신위원회에 합류한 김용하 순천향대 IT 금융경영학과 교수도 "보수 진영은 진보 진영에서 꺼낸 전 국민 고용보장제를 넘어 전 국민 사회보장제를 언급할 수 있어야 한다"며 "성장과 효율성만 강조하는 정책으로는 국민을 설득하기 힘든 때가 왔다"고 말할 정도로 여야의 정책 대결 양상을 보이고 있다.[20]

제레미 리프킨은 《노동의 종말*The End of Work*》(개정판, 2005)에서 현실로 다가온 '고용 없는 성장', 노동의 위기에 대한 해법으로 노동의 본질을 고찰하거나 다가올 미래사회에서 인간의 역할과 공헌 가능성을 탐색해야 한다고 강조한다. 산업화시대와 달리 '접속의 시대'에는 로봇, 나노테크놀로지 등과 같은 지능적 기계들이 사람의 노동력을 점차 대신해 2050년쯤이면 전통적인 산업부문을 관리 운영하는 데 전체 성인 인구의 5% 정도밖에 필요하지 않게 될 것으로 전망한다.

노동을 새롭게 정의하다

리프킨은 프랑스가 2000년 세계 최초로 주당 35시간 노동제 도입을 계기로 앞으로 노동은 기계에 맡기고 인간은 내재적인 가치를 창출하고 공유된 사회공동체 의식을 재활성화하기 위해 해방되어야 한다고 역설한다. 프랑스 정부는 주당 35시간 노동제 실시로 기업의 경쟁력을 유지하기 위해 노동자들의 사회보장분담금(퇴직·건강·실업보험 등)을 낮추는 방법으로 시간당 보수의 증가분에 대해 연간 최소 33억 달러의 보조금을 대부분 담뱃세와 주세를 재원으로 지원했다. 그 결과 28만 5000개의 새로운 일자리가 창출됐고 2001년 기준의 실업률은 18년 만에 가장 낮은 8.7%로 떨어졌으며, 고용주 대상 조사에서도 응답자의 60%가 생산성 향상에 도움이 됐다고 답했다는 것이다.

리프킨이 특히 주목하는 것은 제3섹터*, 즉 시민사회 영역이다. 이 영역은 사회 서비스에서부터 건강, 교육, 연구, 예술, 스포츠, 여가활동, 종교, 사회참여활동을 포괄한다. 22개국을 대상으로 한 존홉킨스 비교비영리부문 프로젝트 연구 결과, 비영리^NPO부문은 1900만 명의 풀타임 노동자를 고용하는 1조 1000억 달러(약 1330조 원)짜리 산업이며, 연구 대상 국가의 비영리부문 지출은 GDP의 평균 4.6%**였다고 한다. 리프킨은 노동에 부과되는 세금을 환경자원에 부과하는 환경적 예산개혁이 고용 활성화에 미치는 효과에 대한 세계은행의 연구사례 중 73%가 일자리 창출에 긍정적인 효과가 있는 것으로 나타났다고 밝혔다.

이와 함께 리프킨은 청년 실업자, 퇴직자, 불완전 고용 또는 현재 실업자들이 그들의 인적 잠재력을 사회봉사에 발휘할 수 있게 하는 해결책으로 유사통화(일종의 지역화폐)인 미국의 '타임뱅크(timebanks.org)' 사례를 소개했다. 모든 사람

---

* 국가와 지자체 공기업의 공공부문인 제1섹터와 기업 등 민간영리부문인 제2섹터의 장점을 서로 혼합한 새로운 형태의 개발주체 또는 그러한 형태의 지역개발사업을 일컫는다.
** 우리나라 농업의 경우 GDP에서 차지하는 비율이 2000년에 4.6%이었던 것이 2010년에는 2.6%로 감소했다. 국내 관광산업의 경우 2018년 기준으로 GDP의 2.7% 수준이다.

은 전문성에 관계없이 한 시간 참여에 한 시간의 '타임달러timedollar'를 얻으며, 이렇게 모아진 타임달러는 타임뱅크에 저축해 두었다가 식품, 의류, 컴퓨터, 법률 서비스, 건강관리 서비스, 주택, 운송 서비스, 학교 프로그램 등록과 같은 상품이나 서비스로 교환할 수 있다. 이러한 사회적 통화의 재원은 '현행 복지부문 관료들의 점진적 축소' '글로벌기업에게 지급하던 막대한 보조금의 중단' '불필요한 방위사업의 축소' '모든 사치재와 서비스에 부가가치세 부과' '제3섹터에 대한 기업 기부금에 대한 세금 공제율 증대' 등을 통해 마련할 수 있다고 강조한다.

2016년 세계경제포럼WEF에서 클라우스 슈밥 회장은 인공지능AI, 가상현실VR, 사물인터넷IoT, 빅데이터big data 등 신기술이 주도하는 미래를 '제4차 산업혁명'이라 명명했다. 그는 "제4차 산업혁명은 인류가 하는 일을 바꾸는 것이 아니라 인류 자체를 바꿀 것"이라고 단언했다. 경제적인 측면에서 제4차 산업혁명이 가져올 변화는 노동시간의 감소가 이루어지고, 정보의 검색·탐색·쇼핑·운전 등을 기계가 대신하게 될 것이기에 인간의 목적행위는 줄어들 가능성이 높다. 이러한 가운데 심각한 것이 기술적 실업문제다. 제4차 산업혁명 과정에서 수익을 창출하는 노동을 인공지능이 대체하게 되면 산업개발의 수익이 CEO에게만 국한될 우려가 있다. 따라서 전문가들은 제4차 산업혁명에 대비해 로봇세, 부자증세, 징벌적 과징금, 소득비례 차등벌금제 도입과 같은 증세와 더불어 보편적 기본소득제의 도입을 강조한다.

이러한 현실과 대안들은 노동에 대한 기존의 인식을 바꿀 것을 전제로 한다. 지금까지 노동은 GDP의 창출과 연계되었다. 그러나 GDP가 현실을 제대로 반영하고 있지 못하듯 노동의 개념도 시장경제라는 틀 안에 갇혀 있었다. 시미즈 마사노리淸水正德는 《働くことの意味노동의 의미》(1982)에서 노동은 인간이 자신과 자연의 물질대사를 자기 자신의 행위에 의해 매개하고 규제하고 제어하는 인간과 자연과의 한 과정이며, 노동의 구조를 인간과 자연과의 관계, 인간과 인간의 관계에서의 의미를 해명하는 것이 중요하다고 강조했다. 그는 현대인의 생활양태를, 인간의 사회적·개인적 활동을 기계에 종속시키거나 기계로 대체할 수 있는 '노동labor'과 보다 나은 기술이나 인간적 배려를 필요로 하는 '일work' 그리고 창조적인 개성과 천분天分을 살린 '행동action'의 3단계로 분석할 수 있다고 했다. 그는 특히 인간관계가 상품교환이라는 물적 관계로 바뀌었고, 기계적 대공업의 발전과 노동의 기술적 종속으로 노동이 무미건조해지고 '물화物化'와 '물신성物神性' 문제를 낳아 자본주의 경제가 노동의 즐거움을 박탈한 것이 큰 문제라고 지적했다.

영국의 환경경제학자 E. F. 슈마허도 《Small is Beautiful *작은 것이 아름답다*》(1973)에서 일이란 인간의 능력을 활용하고 개발하는 것이 우선이며, 다른 사람과 함께 일함으로써 자기중심주의를 극복하고, 그러면서 인간의 삶을 위해 필요한 재화와 서비스를 생산하는 것이어야 한다. 하지만 오늘날 자본주의경제에선 오로지 재화와 서비스의 생산 외에 '공유해야 할 노동의 가치'가 배제된 것이 문제라고 지적했다. 슈마허는 일과 여가를 분리해 추구할 것이 아니라 일의 기쁨을 느낄 수 있는 시스템을 만드는 것이 중요하다고 덧붙였다.

한편 슈마허는 엄밀한 의미에서 '실업이란 있을 수 없다'고 봤다. 실업이란 '이용 가능한 노동을 이용하지 않거나 불완전하게 이용하는 것'을 의미했다. 슈마허는 "기계화도 인간의 숙련과 능력을 높이는 기계화와 인간의 일을 기계라는 노예에게 건네주고 인간을 그 노예에 대한 봉사자로 만들어버리는 기계화는 분명히 구분해야 한다"고 강조했다.

노동 없는 경제에 대처하라

이런 점에서 '노동의 소외' '노동의 종말'을 대비해 우리에게 지금 필요한 정책은 무엇일까?

첫째, 전 국민 고용보험제 시행이 절박하다. '단계적'이 아니라 고용보험의 사각지대가 없도록 '전면적으로 확대' 실시하는 것이 현 시점에서 매우 중요하다. 아울러 노동자의 안전을 위해 산재보험제도도 보완해야 한다. 종래 주로 대기업에 투자해 온 공적자금을 이제는 전 국민 고용보험제에도 투자하는 정부의 전향적인 추진 노력이 절실히 요구된다.

둘째, 향후 제4차 산업혁명에 대비해 보편적 기본소득제 도입을 종합적이고 체계적으로 검토해야 한다. 단기적으로는 코로나19와 같은 재난이 재발하면 긴급재난지원금과 같은 재난기본소득을 적기에 몇 차례에 걸쳐 지급할 수 있는 재정 시스템을 갖추어야 한다. 기본소득제와 전 국민 고용보험제는 상호 보완적 성격을 잘 살려 추진해야 한다.

셋째, 일과 노동을 존중하는 사회적 풍토를 만들고, '사회적으로 유용한 모든 활동'으로서의 일과 노동 개념의 확대가 절실하다. 시장경제와 별도로 외환위기 당시 일자리 늘리기의 일환으로 실시한 공공근로사업을 참고해 비고용·준실업 상태에 있는 국민들을 대상으로 '타임뱅크'처럼 지역화폐 상호부조 시스템을 기초지자체 단위에서 구축할 필요가 있다. 가칭 지역 '품앗이은행'으로 주민들이 시간 단위의 동일한 사회봉사나 사회적 기업 활동을 지역에서 하도록 설계함으로써 보편적 기본소득제를 보완하는 새로운 대안 경제의 한 축을 민관 거버넌스를 통해 만들자는 것이다. 재원은 정부 차원에서 부동산 불로소득 환수나 최고소득세율의 인상, 기업의 사회책임투자[SRI], 기술생산성 향상에 비례한 기업의 사회공헌 기여금 신설, 독지가의 기부에 대한 세금공제 혜택 등 다양한 형태로 마련할 수 있을 것이다.

04

금융의 사회적 책임

정부의 긴급재난지원금 14조 원이 전 국민에게 지급되자 소비심리가 살아나고 골목상권이 활기를 띤다는 보도를 접하게 됐다. 요즘 같이 어려운 재난 시기에 사업자는 자금융통이 생명이다. 그러니 정부의 긴급재난지원금을 넘어 좀 더 장기적인 후속 조처가 병행되어야 한다.

중소사업자에게 더 가혹한 재난

코로나19 발생 후 금융계도 어려움이 커졌지만 시민들은 중소기업·소상공인·자영업자 등 지역 사업자를 지원해야 할 금융기관의 존재이유를 묻고 있다. 이번 코로나 쇼크는 부동산 중심 자산가격의 급락으로 나타난 과거 금융 위기와 달리, '매출격감으로 인한 수입감소'가 핵심이다. 중소사업 자 대부분이 과거 설비투자 등에서 상당한 빚을 지고 있는 데 언제 매출이 살아날지 모르기에 자금대출과 함께 금리 감면과 상환유예를 받는 것이 절실하다. 그러나 금융기관 은 소위 '부실기업' '신용불량자'에게는 돈을 빌려주지 않 는 게 철칙이기에 정작 어려운 사업자나 개인에게는 먼 나 라 이야기다.

일단 시중은행은 코로나19 피해를 입은 중소기업·소상 공인을 대상으로 신규대출을 늘리고 있다. KB국민은행은 지난 3월 소상공인과 중소기업을 대상으로 8500억 원 규모 의 대출을 지원한다고 밝혔다. 코로나19 피해 기업에게 기 업당 최대 5억 원 한도에, 최대 1%p의 우대금리를 지원하겠 다는 것이다.[21] 하나은행은 지난 5월에 6월 말까지 '소상공 인 2차 금융지원 대출'에 최고 연 2.9%의 상환금리를 적용하 기로 했다. 대출한도는 1000만 원 정액에 2년 거치 3년 원금 균등분할상환(매월) 조건이다.[22] BNK부산은행과 경남은행 은 총 8300억 원 규모의 신규 대출지원 프로그램 가운데 신 용등급 1~3등급인 소상공인을 대상으로 업체당 3000만 원

까지 1.5%의 초저금리로 지원한다고 밝혔다.[23]

그런데 이런 지원에도 불구하고 실제 어려운 중소기업·소상공인에게는 제때 도움이 되지는 못하는 것 같다. 중부매일(2020년 6월 2일)은 '문턱 높은 소상공인 2차 대출'이란 기사에서 1000만 원 빌리는 것도 저신용자에겐 '그림의 떡'이라고 실상을 전한다. 코로나19 피해 소상공인을 위해 마련된 2차 긴급대출이 저신용자에겐 큰 도움이 되지 않는다는 지적이다. 청주에서 식당을 운영하는 자영업자가 연 3~5%로 1차 대출보다 금리가 2~3% 높은 '1000만 원 2차 긴급대출'을 신청했는데 심사 결과 신용등급과 은행 거래실적 부족으로 탈락한 사례 등을 소개했다.

이 점에서 서울특별시의 경우는 좀 특별해 보인다. 서울시의회는 지난 3월 하순 서울지역 코로나19 피해 소상공인·자영업자 금융지원안을 통과시켰다. 임대료·인건비 등 '골목상권119 긴급대출'로 2억 원 매출 미만 소상공인에게 2000억 원 규모로 시행하되 임대차계약서를 제출하면 1.12%, 보증요율 0.5%를 적용한다. '서울형 이자절감대환대출'은 저신용 2금융권 등 고금리(연 15% 이상)를 이용하는 소상공인에게 보증료 포함 2.3% 수준으로 3000만 원 한도에 600억 원 규모다. 지원 규모가 크지 않아 아쉽다.

일본 효고현은 5가지 코로나 피해 긴급제도금융을 지원하고 있다. '코로나대응자금(기관보증 중소기업 개인사업자, 한도액 3000만 엔, 3년간 이율 0%, 이후 0.7%, 5년 거치 10년 상환)' '코로나대책대부(일반보증, 최근 1개월 매출 5% 감소 시, 한도액 2억 8000만 엔, 이율 0.7%, 2년 거치 10년 상환)' '코로나위기대응대부(기관보증, 매출 15% 감소 시, 2억 8000만 엔, 0.7%, 2년 거치 10년 상환)' '차환 등 대부(차입잔고, 기왕채무 경감 필요 · 코로나대책대부 요건 해당시, 2억 8000만 엔, 0.7%, 1년 거치 10년 상환)' '경영활성화자금(신속자금조달 필요시, 코로나대책대부와 동일, 5000만 엔, 금융기관 결정이자, 1년 거치 10년 상환)' 등으로 구체화돼 있다.[24]

한편 정부의 긴급재난지원금 전 국민 지급으로 카드회사들이 뜨거운 유치경쟁을 벌였다. 정부가 지급수단으로 신용카드 · 선불카드 · 지역상품권을 택하면서 신용카드 사용 예상액(약 73.4%, 9조 8692억 원)에 평균 수수료율 2.07%(2019년 기준)를 적용하면 카드사의 총 수수료 이익이 2043억 원 정도로 추산된다는 것이다.[25] 코로나 위기 극복을 위해 대기업을 비롯한 국민성금 규모가 1000억 원 수준임을 고려할 때 긴급재난지원금의 최대수혜자가 된 카드사는 카드사 차원에서 전체 수수료 이익의 일정 부분을 사회공헌기금으로 내놓을 필요가 있어 보인다.

이러한 금융기관의 높은 문턱으로 실생활에서 고리대금

업자들로부터 이자폭탄의 고통을 받고 있는 서민들의 현실을 감안해 21대 국회가 개원하자 '대부업 금리 상한 20% 제한' 입법안이 나왔다. 김철민 더불어민주당 의원은 대부업자와 여신금융기관의 금리 상한을 연 20%로 하향 조정하고 이자총액은 원금을 초과할 수 없게 하는 내용을 골자로 한 이자제한법 개정안을 발의했다. 대부업의 금리 인하 법안은 20대 국회에서도 나왔지만 본회의 문턱을 넘지 못하고 폐기된 바 있다.[26]

사회적 가치에 투자하다

코로나시대를 맞아 이제 기존 은행이 아닌 새로운 대안 은행을 모색해야 하지 않을까? 경제의 대전환이 필요하다면 은행도 바뀌어야 한다. 경제가 어려울수록 어려운 사람에게 쉽게 돈을 빌려주는 은행을 만들 수는 없을까? 사회적 은행, 사회적 금융이 필요한 이유다. 실제로 유럽에는 사회적 은행이 많다. 대표적인 것으로 독일의 게엘에스GLS은행이나 네덜란드의 토리오도스은행Toriodos Bank, 이탈리아의 윤리은행 등을 들 수 있다. 물론 이러한 사회적 은행의 최초 모델은 방글라데시의 그라민은행이다. 경제학자 무하마드

유누스가 1983년에 설립한 그라민은행은 극빈자를 대상으로 무담보대출을 했는데 회수율이 99%에 이르렀고, 1993년부터는 흑자로 전환됐다. '빈곤은 사회구조에 기인한다'는 생각에서 시작된 '마이크로크레딧(소액대출)'운동은 전 세계 7000여 개 기관이 약 1600만 명의 개도국 빈민을 위해 봉사하고 있다.[27]

1974년 설립된 독일의 게엘에스은행은 문화, 사회, 환경 벤처에 자금을 빌려주는 사회공헌을 목적으로 한 '윤리은행'이다. '대출과 기부를 위한 지역은행'이란 뜻의 이 은행은 2017년 현재 총자산이 약 60억 달러, 고객수가 21만여 명이다. 1980년 출범한 네덜란드의 토리오도스은행은 '제3의 길'이란 뜻의 은행으로 공정무역, 유기농업, 창조적 문화예술 단체, 재생가능에너지, 사회적 기업을 지원하고 있다. 2019년 현재 총자산 약 177억 유로(약 23조 5000억 원), 고객수 약 72만 명이다. 기후변화대응 프로그램을 통해 온실가스 배출량 962킬로톤^{Kt} 감축을 이뤄냈다. 최초로 '그린펀드'를 출시해 암스테르담 증권거래소에 상장하기도 했다. 이 은행은 유기농업이나 재생가능에너지분야 등을 지원하는 '사용처 지정형' 계좌가 있는데 정부가 세제우대를 해 준다.[28]

우리나라의 사회적 금융으로는 2002년 설립된 사회연대은행 (사)함께만드는세상(이사장 김성수)이 대표적이다. 최저

생계비 이하의 저소득층, 장기실업자, 장애인, 저소득 여성 가장 등 담보도 없고 돈 빌릴 데도 마땅찮은 사람들을 위한 '빈민은행'이다. 한국YMCA전국연맹, 자활후견기관협회 등 200여 개 시민사회단체가 그라민은행을 본떠 만든 것이다. 돈만 빌려주는 게 아니라 창업하면 경영기술·유통 노하우도 지원한다. 2015년 문을 연 장발장은행(은행장 홍세화)은 법원에서 벌금형을 선고받은 뒤 벌금을 낼 돈이 없어 교도소에 갇힐 위기에 놓인 미성년자, 소년소녀가장, 수급권자, 차상위계층 등 790명에게 약 14억 원을 대출했다. 7946명으로부터 후원금을 받아 무담보·무이자로 6개월 거치 1년 균등상환 방식으로 최대 300만 원을 빌려준다.[29] 또한 2015년 출범한 주빌리은행(명예은행장 유종일)은 자유와 해방을 기념하는 기독교 '희년'*의 정신으로 빚의 늪에서 고통받는 사람들을 위해 부실채권을 매입해 전액소각하고 채무조정을 지원하는 시민운동을 펴고 있다. 지금까지 약 5만 명의 빚을 탕감해 주었고, 소각한 채권 원리금이 약 8058억 원, 부실채권 매입금액이 약 4억 원이다. 코로나시대에 정부는 이

---

* 희년(禧年, Jubilee) 또는 성년(聖年, Holy Year)이라고도 한다. 기독교 성경에 나오는 규정으로 안식년이 일곱 번 지난 50년마다 돌아오는 해를 말한다. 희년에 유대인들은 땅과 집을 원 주인에게 돌려주고 노예해방이나 부채면제 등을 해 주었다.

러한 사회적 금융을 적극 지원해 선순환의 경제복지생태계를 만들어야 한다.

주민들의 삶의 질을 높이는 엔진, 지역재단

이와 함께 지역재단을 설립하고 육성하는 일도 중요하다. 현재 우리 사회는 장학재단, 복지재단은 많아도 지역재단은 참 드물다. 이제 지역에서 필요한 좋은 일을 하는 것을 돕는 지역재단이 정말 필요할 때다. 박원순은 《지역재단이란 무엇인가》(2011)에서 지역재단이란 '지역주민들이 기금을 만들고, 그 기금으로 지역사회의 다양한 문제를 해결해 나가는 지역의 풀뿌리단체들을 지원함으로써 지역주민들의 삶의 질이 더 나아지고 지역의 문제들이 풀려가는 선순환 구조를 만들어가는 지역의 엔진 역할을 하는 기관'이라고 정의했다. 지역사회의 변화와 발전을 위해 재단의 기금을 사용한다는 면에서 자선기관과 달리 '지역의 촉매제' 역할을 한다.

1914년 설립된 미국 최초의 지역재단인 클리브랜드재단 Cleveland Foundation은 18억 달러(약 2조 원)의 시민발전기금과 8000만 달러(약 900억 원) 규모의 기부금으로 지금까지 17억 달러(약 1조 9000억 원)를 주로 교통, 교육, 안전, 청소년 발달, 예술, 주거·커뮤니티 개발 등 지역문제 해결과 지역공동체 동반성장을 위해 사용했다. 로빈훗재단^{Robinhood Foundation}은 뉴욕 지역의 빈곤문제 해결을 사명으로 기부금 100%를 뉴욕의 빈곤문제 해결에 사용하는 것으로 유명하다. 생계 해결뿐만 아니라, 교육·일자리문제까지 관여하면서 빈곤퇴치에 앞장서고 있다.

물론 우리나라의 지역재단으로 대표적인 것이 2000년에 설립된 아름다운재단이다. 이 재단은 올바른 기부문화 확산을 위한 대국민 캠페인을 펼쳐 기부금을 주로 아동, 청소년, 여성, 장애인, 노인, 교육·문화사업 등에 사용하고 있다. 일제강점기 정신대에 끌려갔던 김군자 할머니가 2000년 8월 평생 모은 재산 5000만 원을 기부하면서 첫 공익기금이 조성됐다. 주요사업은 '아름다운 1% 나눔 캠페인' '사회적 약자' '소수자' '공익활동 지원사업' '기부컨설팅' '교육과 연구' '공익변호사그룹 공감' 등이다.[30]

경남 김해 생명나눔재단은 2004년에 설립돼 소아 난치병 환자와 빈곤아동, 독거노인 등 어려운 이웃에게 나눔을 실천해 오고 있다. 2002년 당시 김해에 살던 한 할머니가 초등학생 손녀의 백혈병 치료비를 마련해 달라며 지역 사회단체에 도움을 간절히 요청했지만 제대로 손 쓸 틈도 없이 해당 학생이 숨진 것이 계기가 됐다. 기부금으로만 운영하는 데 2014년 현재 정기회원만 1650명, 기부금액이 4억 6000만 원이다. 생명나눔재단은 지난 4월 코로나19 확산 예방과 취약계층 보호를 위해 사용해 달라며 마스크 3만 5000장(3100만 원 상당)을 김해시에 전달하기도 했다.[31]

이밖에 지역재단으로 부천희망재단, 천안풀뿌리자치희망재단, 성남이로운재단, 완주커뮤니티비즈니스센터, 천안풀뿌리희망재단도 알려져 있다. 이러한 지역재단은 사회적 기업, 마을기업, 협동조합, 사회적 은행과 유기적인 관계를 맺으며 지역문제 해결에 도움을 주고 있다.

지난 5월 18일 서울 YMCA전국연맹 강당에서 한겨레경제사회연구원과 한국사회적경제연대회의 등의 주관으로 열린 제12회 사회적경제 정책포럼 '코로나 위기, 사회적 경제의 접근법과 역할'을 주제로 한 발표에서 장지연 한국사회가치연대기금 경영기획실장은 "2018년 사회적 경제 매출 규모는 약 7조 6000억 원이며, 올 상반기 매출 감소로 인한 피해액은 5000억 원으로 추산된다"며 "사회적 경제 조직 고용 인원 약 10만 명 중 절반에 가까운 4만 8000여 명이 취약계층인 것으로 파악된다"고 밝혔다.[32]

정부는 민관 거버넌스 정신을 바탕으로 기존의 금융기관과 협력해서 시중에 자금을 '적시적소適時適所'에 공급하는 것과 동시에 사회적 금융을 제대로 조성 발전시켜야 한다. 사회적 금융을 바탕으로 코로나시대에 지역에 필요한 서비스를 제공하는 사회적 기업을 적극 창출할 필요가 있다. 정부가 추진하는 한국판 그린뉴딜정책 자금의 상당 부분을 사회적 금융, 사회적 경제 살리기에 투자해야 한다. 정부·지자체와 대기업의 '사회적 가치' 존중과 민간의 '이타와 연대'를 바탕으로 우리 사회의 '풀뿌리 경제'를 살려야 한다.

경제발전, 행복지표로 새로 쓰다

우리가 경제발전지표로 삼는 GDP의 실체는 도대체 무
엇인가? 오로지 시장체제를 통해 돈으로 드러나는 것만 반
영하기에 재난 피해자와 가족의 고통, 자원봉사자의 수고
등은 전혀 반영되지 않는다. GDP 무용론이 나오는 이유
다. 이제는 GDP를 넘어 '삶의 질' '국민행복' 지표를 찾아
야 할 때다.

대외경제정책연구원은 코로나19 확산 정도에 따라 2020
년 우리나라 실질GDP가 0.51~1.02% 감소할 것으로 추정
했다.[33] 이주열 한국은행 총재는 2016년에 "GDP 성장률
0.1~0.2%p 차이가 과연 어느 정도의 의미를 갖는지 생각해

볼 필요가 있다"고 한계론을 제기한 바 있다.[34]

GDP는 '일정 기간 동안 한 나라의 영토 안에서 생산된 최종 재화와 서비스의 시장 가치 총액'을 말한다. GDP는 1929년 대공황 때 경제동향을 파악할 필요성으로 제기되어 제2차 세계대전 종전 후 전쟁과 관련된 국가부흥 정도를 측정하는 지표로 주로 이용됐다. 한 나라의 경제규모를 파악하는 게 핵심으로 1953년 GDP 통계의 국제기준이 처음 마련됐다.

그러나 GDP는 한 국가의 1년 동안 경제활동의 가치를 대략적으로 보여주는 수치에 불과하다. 그런데 우리나라는 GDP를 경제생활의 '금과옥조金科玉條'로 삼아 왔다. 이참에 코로나19 사태와 관련해 GDP의 허상을 알아보자.

GDP의 허상

GDP는 자원봉사활동과 같은 '비공식 경제informal economy'의 가치를 반영하지 못한다. 코로나19로 고생하는 전업주부의 가사활동은 제외되는 반면 전업주부가 가사도우미로 나서면 GDP 증가로 잡힌다. 생산이 따르지 않는 개인 간 또는 정부와 개인 간의 상호이전 경제행위도 포함되지 않는다.

예를 들면 재난기본소득이나 긴급생활비 지급은 실업수당과 마찬가지로 GDP 증가로 잡히지 않는다. 반면 재난 복구용 토건사업이 늘어날수록 GDP는 올라간다. 사회범죄가 늘어 경찰 경비 수요지출이 증가하거나 미세먼지로 관련 상품이 늘어나고 병원 환자가 늘어날수록 오히려 GDP가 증가한다. 손수 퇴비를 만들고 잡초를 뽑는 유기농보다 농약·화학비료를 많이 쓸수록 GDP가 늘어난다. 또 GDP는 자선이나 사회적 기부를 포함하지 않는다. 앞으로 코로나19 대응 백신이 나오겠지만 개발자가 백신을 국민에게 무상 제공하면 GDP는 올라가지 않는다. 무엇보다 GDP는 경제적 불평등이 전혀 드러나지 않는다.

노벨 경제학상 수상자인 조지프 스티글리츠 미국 컬럼비아대 교수는 〈WEEKLY BIZ〉(2018년 12월 14일)에 기고한 '물질적 가치에만 집착하는 GDP를 넘어'라는 칼럼에서 GDP의 문제점을 지적했다. 스티글리츠는 자신이 참여한 위원회 CMESP가 10여 년 전에 펴낸 〈잘못 측정된 우리의 삶－왜 GDP는 단순 합산할 수 없는가〉, 〈GDP는 행복, 즉 삶의 수준을 제대로 측정하지 못한다〉는 보고서에서 "GDP는 생산된 재화의 총합일 뿐 건강, 교육, 환경 등 가치를 제대로 측정하지 못한다. 그 때문에 GDP라는 계량도구를 일률적으로 들이대면 모든 요소를 물질적인 가치로만 환산하게 되고, 그

과정에서 다양한 사회적 요소의 가치가 왜곡된다"고 재차 강조했다.

이 보고서가 나온 뒤 경제협력개발기구는 2011년 주택, 소득, 직업, 커뮤니티, 교육, 환경, 지배력, 건강, 생활만족도, 안전, 근로 등 웰빙과 관련된 다양한 지표를 종합 평가하는 '더 나은 삶의 지수Better Life Index: BLI'를 추가로 도입했다. 객관적 지표와 주관적 만족도를 합쳐 계산하는 BLI에서 우리나라는 2017년 40개국 중 30위였다. 우리 국민의 삶의 질이 GDP(2017년 세계 12위)로 나타난 경제지표에 비해 훨씬 뒤떨어지는 현실을 보여준다. 이 BLI지수에도 빈곤, 경제적 불평등, 공해 등이 포함되어 있지 않았다는 지적이 나왔다.

로렌초 피오라몬티Lorenzo Fioramonti 이탈리아 프레토리아대 교수는 《Gross Domestic Problem-The Politics Behind the World's Most Powerful Number국내총문제-세계에서 가장 강력한 수치지표 뒤에 숨은 정치》(2013)에서 "우리는 측정하는 것을 원할 것이 아니라 원하는 것을 측정해야 한다"고 강조했다. 결국 우리 경제가 2~3%p 성장할 때 우리의 삶의 질은 정말 좋아질까? 피오라몬티는 GDP의 '내용', 즉 무엇을 측정하고, 왜 다른 무엇을 측정하지 않는지 이유를 분석해 GDP가 형평성, 사회정의, 재분배와 같은 도덕적 원칙과 얼마나 먼지를 적나라하게 보여주었다.

더 나은 삶을 향해

이러한 GDP의 맹점을 보완하기 위해 1970년대부터 국제적으로 다양한 지표 개발이 시도돼 왔다. 국민순복지[NNW]나 그린 GDP 등 새로운 지표의 개발이 그것이다. NNW는 GDP에서 공해, 방위비, 통근시간 등 복지와 관련되지 않은 항목을 삭감하고 여가나 주부노동을 추가했다. 이것은 나중에 지속가능경제복지지수[ISEW], 참진보지수[GPI], 사회건강지표[ISH] 등 다양한 지표로 발전한다. ISEW는 개인의 소비를 복지의 핵심요소로 보고 여기에 가사노동, 교육보건, 공공지출 등 사회복지 증진요소는 더하고 국방비, 교통사고피해, 환경파괴 손실 등 감소요인을 뺀다. GPI는 ISEW를 수정해 경제활동가치에 생태발자국 등 26가지의 비용 편익을 포괄하는 지표다. ISH는 영아사망률, 고교 중퇴자, 빈곤, 10대 자살, 범죄, 실직률 등 16가지 분야를 포함한다.

유엔개발계획[UNDP]은 1990년부터 경제개발지수에 덧붙여 인간개발지수, 즉 국민소득, 고용, 교육, 건강, 환경 등의 개념을 취합한 인간개발지수[HDI]를 바탕으로 한 〈Human Development Report 인간개발보고서〉를 매년 발간하고 있다. 영국 신경제재단[NEF]은 행복지구지수[Happy Planet Index: HPI]를 내놓았다. 지구환경에 미치는 영향을 최소화하고 국민의 삶의 행복도가 높을수록 지수가 올라간다. 유엔과 세계은행은 환경경제통합회계체계^{SEEA}에 따른 생태적국내생산^{EDP}이라는 녹색GDP계정을 GDP계정에 보조계정으로 추가하는 방안을 추진하고 있다.

부탄의 '국민총행복^{GNH}'은 경제적 삶의 만족도, 즉 행복도에 대한 국민의 조사지표로 질적 평가지표다. GNH는 2년마다 한 번씩 청취조사를 실시해 인구 67만 명 중 총 72항목의 지표에 1인당 5시간의 면담을 거쳐 8000명의 데이터를 분석해 연간 변화나 지역 및 연령층의 차이 등을 파악한다. 심리적 행복, 건강, 교육, 문화, 환경, 커뮤니티, 좋은 통치, 생활수준, 자기시간 사용방법이라는 9가지 요소가 지표에 깔려 있다. GDP에서 측정되지 않는 '심리적 행복' 요소를 지역별로 측정해 국민의 감정을 나타내는 지도를 만든다. 우리나라도 '한국형 GNH' 조사를 한번 해 보면 어떨까.

GNH 조사항목에는 '당신이 아플 때 돌봐 줄 가족이나 친지가 있는가'를 묻는다. 재난의 시기에 정말 필요한 것은 개인에 대한 위안과 경제적 지원이다. 재난의 시기에는 구약성서에 나오는 희년과 같이 사회적 약자에 대한 전향적 지원과 불평등의 시정조치가 필요하다. 지금 논란이 되는 재난기본소득제 도입에는 이와 같은 희년의 정신이 들어가야 한다.

재난의 시기에 어려운 사람들을 구하는 일은 당연히 나라가 나서야 한다. 조선시대에도 자연재해와 질병, 곤궁기 등을 대비해 진휼청, 혜민국·대비원, 의창·상평창과 같은 구휼제도가 있었다. 또 지금과 같은 재난의 시기야말로 사회 지도층이 자발적으로 사회적 약자를 위해 자신이 가진 것의 일부를 내놓는 '노블리제 오블리주'를 실천할 기회가 아닐까. 조선시대 경주 최부잣집이 가뭄·홍수가 났을 때 '주변 10리 안에 배곯는 사람이 없도록' 쌀독을 퍼내 주었다는 미담이 과거의 것으로만 치부되어서는 안 될 것이다.

　고위공직자, 국회의원, 교수 등 안정된 봉급을 받는 사람들, 특히 국회의원들이 앞장서 세비의 일부를 반납하는 모습을 보여줬으면 좋겠다. 차제에 교수사회도 개학연기로 어려운 제자들을 위해서 자발적 기부 논의를 해 보면 어떨까. 노블리제 오블리주의 물결이 일어날 때 재난극복기금이나 재난기본소득 재원을 제도화할 수 있는 사회적 분위기를 만들고 공동체성도 강화할 수 있을 것이다.

　나눔과 기부문화의 제도화·일상화야말로 재난을 대비하는 사회적 안전판이다. 재난이 일어났을 때 물심양면으로 도움의 손길을 내미는 사람이 많고 이러한 지원제도가 정착된 사회야말로 가장 '지속가능한 경제구조'를 가진 웰빙사회다. 전례 없는 비상사태를 맞은 이때, GDP를 넘어서

'이타와 연대'를 바탕으로 '행복한 지속공동체' 만들기에 한 번 도전해 보자.

"치료받을 권리를
보장하라"

01

재난을 마주한 역발상 처방

재난이 발생하면 피해복구대책 실시가 급선무다. 지진·홍수와 같은 자연재해에는 복구를 위한 공공사업을 펼치고, 이를 통해 GDP 성장률의 회복을 꾀하는 것이 정부 정책의 기본이다. 그러나 이번 코로나19와 같은 감염병은 종래의 자연재해와는 재난의 성격이 다르다. 이런 특성을 제대로 파악해 '맞춤형 경제처방'이 필요한 때다. GDP로 드러나지 않는 피해국민의 삶을 지원하는 '경세제민經世濟民'의 정책 실현이 절실하다.

세계보건기구가 지난 3월 11일 코로나19에 대해 감염병 경보의 최고 단계인 '팬데믹(세계적 유행)'을 선언했다. 세계 각국의 주가가 급락하고, 각종 경제지표가 흔들렸다. 장기 경제침체가 우려되고 어려운 사람들의 불안은 더해 가고 있다. 경제협력개발기구가 3월 2일 '중간 경제전망'으로 2020년 우리나라의 GDP 성장률 전망치를 2.3%에서 2.0%로 하향 조정한 데 이어 경제분석기관인 영국의 옥스포드 이코노믹스는 3월 11일 우리나라 GDP 성장률 전망치를 기존 1.8%에서 1.4%로 낮췄다.

글로벌 신용평가사 S&P는 2020년 9월 24일, 2020년 우리나라의 경제성장률(GDP의 증가율) 전망치를 소폭 상향 조정했다. S&P는 이날 발간한 〈아시아태평양 지역의 회복-힘든 시기 시작된다〉는 제목의 보고서에서 "국가마다 경기 회복 속도는 다르겠지만 아태지역 경제가 중국을 필두로 회복세를 이어나갈 것으로 전망한다"고 밝혔다. 그러면서 우리나라의 2020년 성장률 전망치를 −1.5%에서 −0.9%로 0.6%p 올렸다. 중국(1.2%→2.1%)과 대만(0.6%→1.0%), 베트남(1.2%→1.9%)의 전망치도 각각 상향했다.

경제성장률에 가려진 재난의 그림자

그러나 재난의 영향이 GDP 수치상 드러난 것만으로는 미

흡하다는 사실을 알 필요가 있다. 일본의 경우 동일본대지진·후쿠시마 원전사고가 있었던 2011년 실질 GDP 성장률은 −0.1%였으나 2012년 0.1%, 2013년에는 2.6%로 성장했다. 일본대지진 직후 중앙일보(2011년 3월 14일)는 '일본, 본격 재건 땐 침체경제에 되레 호재'라는 제목의 기사를 내놓았다. 컨설팅기관의 전망은 대지진으로 인한 손실이 일본 GDP의 1% 정도로 추정되며, 피해 복구가 본격화하면 대지진은 오히려 '전화위복'이 될 수 있다는 내용이었다. 대재난으로 숨진 가족과 피해자 주민의 삶을 돌아보면 재난 후 GDP 1~2%의 성장이 무슨 의미가 있는가? 중요한 것은 재난 피해자의 '총체적 피해'가 GDP 성장률이라는 '수치'에는 드러나지 않는다는 사실이다.

재난의 시기에는 'GDP 숭배'에서 과감히 벗어나야 '민생民生'이 산다. 지난 3월 11일로 동일본대지진·후쿠시마 원전 참사 9주년을 맞았다. 일본 정부는 대지진의 직접적인 피해액을 16조~25조 엔(약 178조~286조 원)으로, 원전 관련 사고 비용 총액을 최소 21조 엔(2016년 말)으로 잡고 있다. 민간 싱크탱크인 일본경제연구센터는 원전사고 관련 피해 총액만 50조~70조 엔(2017년 4월)으로 추산했다. 대재난으로 엄청난 경제적 손실이 있었다고 느끼지만 실상 경제지표나 통계에는 거의 영향을 주지 못하거나 오히려 지표 상승으로 이어지는 게 현실이다.

일본 경제학자인 하지 고이치棡浩— 닛세이기초연구소 전무이사는 '誤解されがちな大災害が経済に及ぼす影響오해받기 쉬운 대재해가 경제에 미치는 영향'이란 칼럼에서 재난의 경제적 영향을 매년 생산활동의 '플로우flow'가 아닌 '스톡stock'에서 찾아야 한다고 강조했다. 대재난의 경제적인 타격은 주로 스톡의 손실이라는 형태로 나타나는데, 잃어버린 스톡 재구축을 위해 생산활동이 활발해지면 GDP는 오히려 높아질 수 있다. 정부는 GDP를 비롯한 경제통계의 '플로우'를 강조하지만, 정작 스톡의 중요성을 놓쳐선 안 된다는 것이다. 여기서 스톡은 저수지의 저수량처럼 통화량, 국가부채, 자본총액, 외환보유고 등으로 전체의 구성비가 핵심이며, 플로우란 일정기간 흘러내린 물의 양과 같이 GDP, 정부지출, 경상수지 등으로 증감률을 중시한다.

재난 맞춤형 처방

실제 재해 현실을 보면 재건정책으로 GDP가 늘어나도 개인의 소득증가분은 고스란히 재해로 입은 피해 보전에 쓰이는 것이다. 재해로 인한 피해는 돈으로 환산할 수 없는 '사회적 비용'이 발생하는 데 이러한 것이 GDP에는 전혀 반영되지 않는다는 사실이다. 따라서 GDP수치에만 집착하면 '국민 한 사람 한 사람의 피와 땀과 눈물'이 간과되고 만다.

따라서 코로나19와 같은 감염병 재난의 경우 그에 맞는 맞춤형 처방으로 '디테일한' 경제정책이 요구된다.

첫째, 경제활동의 피해 범주가 종래의 자연재해와는 다르다는 사실, 코로나19와 같은 감염병은 자연재해에서처럼 사회간접자본SOC의 손상은 없으나 피해 감염지역이 언제 어느 지역으로 확산될지 모르기에 사회적 불안감이 크다. 때문에 직접 쇼핑이나 관광여행, 각종 문화 · 체육행사 등이 이뤄지지 않아 관련 업계가 매출감소로 경제적 타격을 입는다. 기업의 생산이나 영업활동도 효율성이 매우 떨어져 경기침체로 이어진다. 따라서 직간접 피해 대상 및 범위를 제대로 파악하는 게 정책적으로 매우 중요하다.

둘째, 감염병의 경우 재난의 시작과 끝이라는 기간 설정이 어렵다. 더욱이 프라이버시 문제와 겹쳐 정보공개와 치료에도 어려움을 겪는다. 감염된 피해자가 다른 사람에게 감염을 시키는 가해자가 될 수 있어 자연재해의 피해자와 달리 처신에 따라선 사회적 비난을 받을 수 있다. 방역에 비협조 또는 방해를 했던 신천지교회 · 제일사랑교회나 '광복절 태극기 집회'와 같이 특정 종교 · 정치세력과 집단감염을 둘

러싼 사회적 갈등이 대표적 사례다. 마스크 대란과 같이 긴급 생필품의 수급을 위한 정부의 시장 개입 시기나 정도, 긴급재정 투입의 규모와 시기 등을 판단하는 데 무엇보다 중요한 것이 감염병의 '종식' 시기다. 이 기간에 대한 정확한 예측과 이에 대한 단계별 대책이 나와야 한다.

셋째, 국내 경제만이 아니라 코로나19의 세계적 확산으로 해외 경제가 악화되면 그것이 국내 경제에 그대로 영향을 미칠 우려가 높다. 특히 코로나19와 같이 '세계적 대유행'이 선언된 상황에서 장기화되면 전 세계의 경제침체로 나타날 것이다. 지난 3월 10일 세계 원유가격이 한때 30% 가까이 급락한 것은 코로나19 확산으로 인한 소비감소 우려가 반영된 것이었다. 세계적 경제침체 장기화가 현실화되면 저성장·제로 성장·마이너스 성장도 생각해야 한다. 이에 맞는 지역공동체 중심의 '자급자족경제', 생필품 긴급 배급경제 시나리오도 빼놓아서는 안 된다.

넷째, 감염병은 일단 '종식선언'이 되면 생업에 즉시 돌아가기가 상대적으로 쉽다. 그러나 언제 어떻게 다시 발생할지 모르고 앞으로 주기적으로 발생할 가능성이 높다. 따라서 감염병은 초기 진압이 매우 중요하다. 사태가 종식되면 억제된 소비수요가 되살아나겠지만 자연재해에서와 같은 부흥수요는 크게 발생하지 않기에 GDP의 성장이나 회복을 기대하기는 어려울 것이다.

다섯째, 정부의 재정정책도 감염병 재난에 맞춘 '맞춤형 경제처방'이 돼야 한다. 정부의 재해대책은 주로 추경을 통한 재정투입과 중앙은행의 금리인하 카드다. 코로나19의 경우 재정정책을 통해 경기진작의 효과는 얻기 어려울 것이다. 따라서 경기침체 탈출이라는 명분으로 GDP수치를 높이기 위해 공공사업에 막대한 재정을 투자하기보다 시민들, 특히 비정규직·일용직 노동자 등 사회적 약자층의 생계보장을 위한 긴급생활비 지원이나 자영업자나 중소상공인의 매출감소에 대비한 초저금리 생활자금 지원, 채무연장 및 지급보증, 세금감면 등 '맞춤형 지원'이 훨씬 효과적일 것이다.

지금은 생계 곤란에 놓여 있는 다수 국민의 '유동성 위기'를 막는 일이 급선무다. 이런 점에서 지금 논의되는 '재난기본소득' 나아가 '보편적 기본소득'에 대해 정부와 국회가 좀 더 치밀하게 접근할 필요가 있다. 재원 마련에 대한 구체적 방안과 사회적 공감대를 이끌어내는 것이 향후 각종 대형 재난을 대응하는 대안이다. 지난 3월 15일 정부가 대구경북지역을 '특별재난지역'으로 신속하게 선포한 것은 큰 의미가 있었다. '전례'나 '예산' 탓을 할 것이 아니라 '의지'를 갖고 '적기'에 실행하는 것이 재난 대응의 열쇠다.

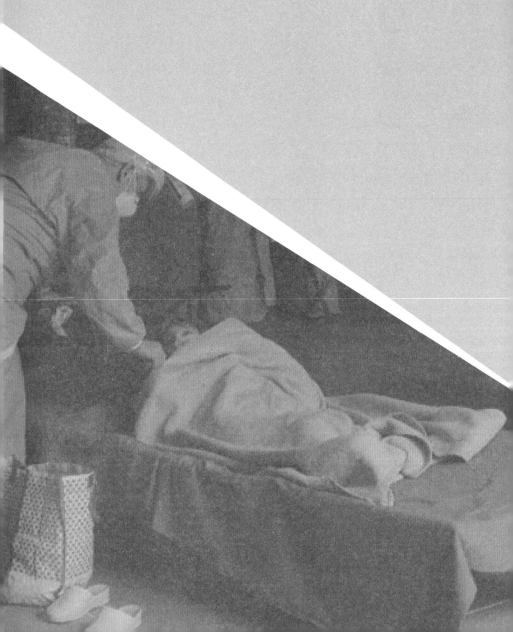

공공성 상실의 시대

코로나19로 전 세계 20개 가까운 나라가 국가비상사태를 선언한 가운데 지난 3월 30일 미국의 누적 확진자가 12만 명을 넘어섰다. 미국은 확진자 수가 하루에 1만~2만 명 단위로 급격히 늘어나고 이탈리아도 확진자가 10만 명에 육박하고 누적 사망자가 1만 명을 넘었다. 지난 3월 22일 쿠바 의료진 52명이 이탈리아 밀라노에 도착했다. 쿠바는 최근 코로나19 환자 치료 지원을 위해 베네수엘라, 니카라과, 자메이카, 수리남, 그레나다 등 인접한 중미 우방 5개국에 의료진을 파견한 바 있다.[2]

쿠바는 1959년 사회주의혁명으로 국가의료체계를 갖춘

이래 전 국민에게 보편적 의료 서비스 제공을 추진해 왔다. 세계은행 통계를 보면 쿠바는 2017년 현재 인구 1만 명당 의사 수가 82명으로 세계에서 가장 많다. 지난 3월 22일 현재 쿠바의 코로나19 누적 확진자는 35명, 사망자는 1명으로 세계 192개 감염국 중 최저 수준이다. 쿠바는 1990년대 초반 미국의 경제봉쇄와 러시아의 지원 중단으로 석유와 식량 부족에 시달리며 재난 상황에 봉착하자 독자 생존의 길로 나섰고 그것이 오늘날 쿠바를 만들었다. 단편적으로 쿠바를 판단하기는 어렵지만 적어도 공공의료 면에서는 세계적 모델로 떠오르고 있다.

쿠바의 의료제도는 '종합진료primary care'를 중시한다. 긴급 상황의 대응에서부터 건강진단 결과 상담까지 폭넓게 실시한다. '종합의綜合醫'가 필요한 경우 최적의 전문의를 소개하고 재택진료나 지역의 보건·예방 등 주민 건강을 지키는 역할을 맡는다. 가정의family doctor제도를 채택하고 있는데 가정의는 왕진이 기본이라고 한다. 이러한 힘을 바탕으로 재난 발생시 쿠바는 정책적으로 의사의 해외파견도 적극 실시하고 있다. 쿠바의 의료체제는 2008년 국내 개봉된 마이클 무어 감독의 영화 '식코Sicko'에서도 미국과 대비되어 소개된 바 있다.

신자유주의가 내던진 치료받을 권리

　세계 최강국인 미국은 코로나19 대응체계에서 후진성을 보여주고 있다. 미국에서 일반 시민이 코로나19 진단을 받으려면 보험에 들었어도 자기 돈 100만~200만 원이 든다고 한다. 미국은 '신자유주의' '효율성'의 이름으로 의료민영화와 더불어 '부익부 빈익빈'의 불평등이 구조화돼 있다. 의료도 돈벌이 사업일 뿐이다. 이런 점에서 미국 언론이 그나마 코로나19 사태를 '잘 견뎌내고 있는' 한국의 의료 시스템에 찬사를 보내는 것이다.

　왜 이런 일이 생겼을까. 의료의 민영화를 앞세운 미국 유럽 등 소위 선진국의 '공공성의 상실'에서 문제의 본질을 찾을 필요가 있다. 우리나라의 의료보험은 실질적으로 1977년 직장의료보험 실시, 1989년 전 국민의료보험으로 확대, 2000년 국민건강보험법 시행으로 국민건강보험체제가 정착됐다. 건강보험은 대상자는 누구나 의무적으로 가입을 해야 하는 사회보장제도로 의료보험 당연지정제를 통하여 건강보험 가입자는 어느 병원에서든지 진료를 받을 수 있다. 이 경우 국가가 일정 부분의 금액을 책임지는 형태로 운영된다.

　그러나 이명박 정부 들어 의료민영화의 바람이 거세게 불었다. 국민건강보험을 해체할 '당연지정제 폐지' '영리병원 허용' 같은 노골적인 의료민영화를 정권 초에 주장하다 민심의 역풍을 맞았다. 박근혜 정부 때는 공공의료원이 적자라는 이유로 당시 홍준표 경남도지사가 2013년 100년의 역사를 지닌 진주의료원을 폐쇄했다. 내세운 이유는 의료공급 과잉과 귀족노조와 수익성 악화라는 것이었다. 그 결과 경남은 공공병상 1개당 1만 280명 담당으로, 이는 전국 평균 (4104명)의 2.7배에 이른다. 당시 진주의료원에는 325병상이 있었다. 폐원 전 진주의료원은 2009년 신종플루 치료 거점병원으로 지정되어 1만 2000명을 진료하고, 498명의 신종플루 확진자를 치료하는 등 큰 역할을 했다는 평가를 받았다.[3]

의료의 공공성을 재조명하라

코로나19 사태로 우리는 공공의료원의 존재 이유를 다시 보았다. 대전광역시를 비롯해 전국의 광역지자체가 부족한 의료원을 새로 건립할 계획을 세우고 있다. 특히 지난 4 · 15 총선 때 경남 지역에 출마한 후보들 가운데 상당수가 '서부경남 공공병원 건설'을 공약으로 내건 경우가 많았고, 수도권을 제외한 광역지자체의 총선 후보들도 다투어 '지역

공공의료원 건립' '공공의과대학 설립' 등을 내세웠다.

시민단체로 구성된 '의료민영화 저지와 무상의료 실현을 위한 운동본부'는 지난 3월 24일 기자회견을 갖고 국민의 생명을 지키는 공공의료기관 확충과 공공제약사 설립 그리고 의료민영화 정책의 즉각적인 중단 등을 촉구했다.[4]

코로나19 사태에서 '병상 나누기' 운동을 빼놓을 수 없다. 대표적인 사례가 대구의 병상 부족 상황을 보고 광주의 각종 민관기구가 '광주공동체'의 이름으로 내놓은 '병상 나누기' 기자회견은 광주의 힘, 시민의 힘을 보여준 인도주의적 결단이었다. 처음 중국 우한에서 온 동포들의 격리치료를 받아 준 아산시민의 결단도 잊을 수 없다. 공공의료는 지역 공동체의 협조 없이는 어렵다. 이제 감염병 전문 공공의료원의 확대와 더불어 '격리치료'를 할 수 있는 임시 의료ㆍ수용시설의 존재도 중요하다. 이러한 인식은 코로나19뿐만 아니라 지역 내 장애인 관련 시설 건립문제로도 지평을 넓혀 나갔으면 한다.

이탈리아와 스페인, 프랑스 등 코로나에 놀란 유럽 국가가 병원ㆍ항공사ㆍ대기업 등 기반산업에 '국유화' 카드를 꺼내 들었다. 스페인은 지난 3월 16일 개인병원을 비롯해 모든 영리ㆍ비영리 민간병원을 일시 국유화하는 조치를 취했다. 의료진들과 의료ㆍ의약품 제조사들도 정부 통제를 받게 됐다. 유럽 국가들이 의료 부문 투자를 줄여 오면서 공공의료의 질이 떨어져 코로나19 피해를 키웠다는 지적이 나왔던 터다. 영국 인디펜던트는 3월 17일 스페인이 코로나19에 대응하기 위해 모든 병원을 국유화하는 극적인 조치를 취했다고 전했다. 빌 더 블라지오 미국 뉴욕시장도 3월 15일 MSNBC 방송에 출연해 미국의 검사키트·산소호흡기 부족 실태를 꼬집으면서 "의료용품을 생산할 수 있는 중요한 공장이나 산업은 국유화가 필요하다"고 주장했다.[5] 우리도 코로나19 백신 개발이나 재난 시 의료용품, 생필품 등에 대한 국가 관리체제를 강화해야 한다.

일본의 경제학자인 우자와 히로우미는 《社会的共通資本 사회적 공통자본》(2000)에서 '사회공통자본으로서의 의료'를 강조했다. 우자와는 사회공통자본을 "한 나라 또는 특정 지역에 사는 모든 사람이 풍요로운 경제생활을 영위하고, 우수한 문화를 전개하며, 인간적으로 매력 있는 사회를 안정적으로 유지할 수 있게 해 주는 사회적 장치"로 정의하고, 그 구성요소로 자연자본(대기, 물, 산림, 하천, 호수, 해양, 연안습지, 토양), 사회자본(도로, 교통기관, 상하수도, 전력, 가스), 제도자본(교육, 의료, 금융, 사법, 행정)을 들었다.

사회공통자본으로서의 의료란 모든 시민이 건강을 유지하고 질병·상해로부터 자유로워질 수 있도록 정부가 보건의료와 관련된 기본적인 서비스를 제공하는 '책무'를 지는데서 출발한다. 이를 위해 정부는 지역별로 병원체계의 계획을 수립하고 병원의 건설 관리를 위해 필요한 재정조치를 취해야 한다. 특히 의사·간호사·검사기사 등 의료 관련 전문가의 양성, 의료시설의 건설, 설비·검사기기·의약품 등을 공급해 모든 시민에게 원칙적으로 무료 내지는 저가로 보건의료 서비스를 제공해야 한다.

의료시설·설비를 어디에 얼마만큼 배치할 것인가, 의사·간호사 등 의료종사자를 얼마나 양성할 것인가, 진료비용을 어떻게 정할 것인가, 검사 의약품 비용을 누가 어떤 기준으로 부담할 것인가 하는 것은 관료의 일방적 결정이나 시장 기준에만 맡겨선 안 된다. 우자와는 의료를 경제에 맞추는 것이 아니라 경제를 의료에 맞추는 것이 사회공통자본인 의료의 기본전제라고 강조한다. 의학적 최적성^{最適性}이 경제적 최적성과 일치하기 위해서는 그 차에 대해 사회적 보전을 해야 한다는 것이다.

우자와는 사회공통자본으로 의료뿐만 아니라 교육, 금융, 사법 등을 들었다. 그런데 재난의 시기를 생각할 때 공공의료만이 아니라 공교육, 국가 차원에서의 공공금융, 그리고 지금 국민들이 부르짖는 검찰개혁·사법개혁과 같은 사법 영역의 공공성 회복 또한 중요하다. 또 간과해서는 안 될 것이 사회공통자본으로서 토지·부동산, 특히 주택의 '공공성' 회복이다.

지난 2017년 포항지진을 당한 주민들 일부가 아직도 흥해 실내체육관 텐트촌이나 임시 컨테이너 조립주택에서 2년이 넘도록 거주하고 있다고 한다. 이들 이재민의 고통을 외면해서도 안 된다.

부동산 투기나 높은 집세는 청년들을 포함한 사회적 약자에게는 그 자체가 재난으로 다가온다. 설령 직업이 있다고 하더라도 자기 연봉의 5~10배를 전세보증금으로 내야 하는 사회에서 무슨 미래를 꿈꿀 수 있겠는가.

따라서 아파트값과 전월세에 대한 규제와 함께 정부나 지자체가 공공주택이나 공공임대주택, 공공지원 민간임대아파트 건설에 적극 나서야 한다.

그간 우리 사회에서 부동산 정책은 사회적 불평등을 시정하기는커녕 불평등, 양극화를 확대하는 '폭탄'이었다. 정부는 더 이상 '신자유경제'의 잘못된 논리로 부동산과 건설업을 경기부양 수단으로 써서는 안 된다. 부동산 임대업자, 소위 '갓물주'의 배만 불리는 정책을 과감히 버리고 토지와 주택의 '공공성' 회복 의지를 국민이 피부로 느끼도록 보여주어야 한다. 미래의 재난에 대비하기 위해서라도 '토지공개념' '주거의 공공성'에 대한 인식을 새롭게 해야 한다.

정글과 같은 시장경제에 맡기는 '의료 민영화'의 길을 추구할 것이 아니라 '공공의료'를 강화해야 하듯이, '재난기본소득'에 대한 논의 이상으로 공공의료, 공교육, 공공주택에 대한 전향적인 정책을 펼칠 때다.

03

자본주의가 낳은 안전불감증

미국 트럼프 대통령이 지난 4월 세계보건기구와 절연을 선언했다. 전 지구적으로 힘을 모아도 어려운 판국에 자국만의 이익, 아니 대통령 재선 욕심으로 드러나는 웃고픈 현실이 황당하기만 했다. 'K-방역'이라고 할 정도로 세계의 높은 평가를 받고 있는 우리나라지만 그래도 방역 현장은 하루하루 살얼음판이다. 쿠팡 물류센터 배달 관련 종사자들의 대거 확진 판정은 느슨한 '생활 속 거리두기'와 더불어 우리나라 기업의 '안전불감증'을 그대로 노출했다. 모든 방역을 국가 질병관리청에만 떠맡길 일이 아니다. 생산의 주체인 기업도 스스로 '건강안전경영'에 나서야 할 때다. 그래

야 코로나시대에 기업이 산다. 바야흐로 '감염병과의 공존'
시대, 행정·민간 기업이 중장기적으로 감염병 대책을 함께
세우고 실천해야 할 때다.

바이러스와의 공생

  중국 후베이성 우한을 중심으로 정체불명의 폐렴이 발병
했다고 세계보건기구에 보고된 지 5개월 만인 2020년 5월 31
일 현재 전 세계 코로나19 신규 확진자 수가 총 615만 3000
명을, 누적 사망자 수가 37만 1000명을 넘었다. 이 중 미국의
누적 사망자가 10만 6000여 명으로 전 세계 누적 사망자의
28.4%를 차지했다. 우리나라는 누적 확진자 수 총 1만 1468
명에, 전체 사망자가 270명이었다.
  AFP통신에 따르면 세계보건기구 탈퇴 및 자금지원(2019년
4억 달러, 세계보건기구 예산의 약 15%) 중지 의사를 밝힌 트럼
프 미 대통령에게 전 세계에서 비난이 쏟아졌다. 메르켈 독
일 총리는 미국이 주최하는 2020년 선진 7개국^{G7} 정상회의
에 불참 의사를 밝혔다. 미국 조지타운대 로런스 고스틴 교
수는 트럼프 대통령의 세계보건기구 탈퇴 표명은 불법적이
고 무모하고 위험하며 의회의 승인 없이 세계보건기구를 탈

퇴할 수 있을지에 의문을 제기했다. 선진 G7의 리더십이 무너지는 모습이다.

1948년 발족한 세계보건기구는 국제 공중보건의 컨트롤 타워 역할을 하는 유엔 전문기관이다. 주로 보편적 건강관리 옹호, 공중보건 위험 감시, 건강 비상사태에 대한 대응 조정, 그리고 인간의 건강과 안녕 증진 역할을 해 왔다. 특히 천연두와 소아마비 퇴치, 에볼라 백신 개발 등에 주도적인 역할을 해 왔으며 현재 감염성 질병, 특히 에이즈, 에볼라, 말라리아 및 결핵, 심장병·암과 같은 비소통성 질병, 건강한 식생활, 영양, 식품안전, 직업건강, 물질남용 방지 등에 우선순위를 두고 활동하고 있다.

세계보건기구 전문가들은 '팬데믹이 일어나게 되면 제 2, 3파波가 따르는 게 일반적'이라고 말한다. 이것은 2005년 세계보건기구가 발표한 〈Avian influenza–assessing the pandemic threat *세계적 대유행 위험분석을 통한 AI*〉라는 보고서에 잘 나와 있다. 이 보고서는 2004년 유행한 AI(H5N1형)에 관한 보고서로 그중 스페인독감(1918–19), 아시아독감(1957–58), 홍콩독감(1968–69) 등 20세기에 발생한 세 가지 독감 대유행을 분석해 12가지 교훈을 도출해 놓았다. 요약 정리하면 다음과 같다.

대유행은 바이러스가 그때마다 달라 예측이 불가능하다.

20세기에 발생한 대유행은 사망률이나 위독성, 감염확산 패턴이 매번 달랐다. 이들 대유행은 매우 짧은 시간 동안 감염자 수가 기하급수적으로 증가해 급격한 의료 필요성을 낳는다. 바이러스 감염력은 제1파에 영향을 받지 않았던 연령대나 지역이 제2파에는 취약해지고 뒤로 갈수록 더 심각해졌다. 스페인독감은 2~3개월 만에 수그러들었지만 이후 더욱더 강력해져 돌아왔다. 아시아독감의 경우, 제1파는 학교 아이들 중심에서 일반사회로 확산됐지만, 제2파는 합병증 위험이 높은 고령자에게 퍼졌다. 대부분의 감염병은 아시아 지역, 오리나 돼지와 가까운 인구밀집지역에서 나왔다. 특히 동물 인플루엔자와 인간의 특이한 호흡기병 발생이 조기 경고 기능을 한다. 방역은 대유행의 확산을 늦출 수는 있었지만 막을 수는 없었고 격리와 여행 제한도 별 효과가 없었다. 집회 금지와 학교 폐쇄는 일시적으로 유효하나 장기간은 불가능하다. 백신의 효과성도 검증의 여지가 있었고 그나마 국내 생산설비가 있는 나라만 생산이 가능해 대규모 백신 공급에는 시간이 많이 걸린다. 최상의 시나리오에서도 감염병은 만성질환을 가진 사람들에게 과도한 사망률을 야기한다.

어찌 보면 인류 역사는 바이러스와의 투쟁의 역사기도 하다. 야생동물이나 가축과의 접촉을 막는 게 원천적으로 중요하다고 하지만 경제성장과 격리문제는 실생활에서는 상충한다. 세계적인 의료전문가들은 감염병은 박멸하거나 퇴치할 성질이 아니라 인류의 새 친구로 받아들여야 한다고 제언한다. 야마모토 다로山本太郎 나가사키대 열대의학연구소 교수는 "수많은 감염증은 인류 사이에 퍼지면서 잠복기간이 장기화되고 독해지는 경향이 있다. 병원체의 바이러스나 세균에게 인간은 숙주다. 숙주의 죽음은 곧 자신의 죽음을 뜻하기에 병원체 쪽에서도 인간과의 공생을 목표로 하는 방향으로 진화해 나간다. 감염증에 대해서는 '박멸'보다 '공생공존'을 목표로 하는 것이 바람직하다"고 말한다.[6]

일터에 면역력을 키우자

글로벌시대에 바이러스 감염 확대를 막는 방파제 역할을 하는 세계보건기구의 재건 필요성과 함께 각국 정부의 공공의료 영역 확대와 더불어 실제 생산을 담당하는 기업의 역할 증대가 절실하다. 전 세계적으로 고령화가 급속히 진행됨에 따라 고령자가 감염병에 취약한 계층이 되고 있다. 이런 점에서 우리도 정부 차원에서의 방역만이 아니라 평소 기업 차원에서의 방역, 즉 건강안전관리가 중요하다. 유럽이나 일본에는 이미 기업에서 '건강경영'이란 말을 쓰고 이를 정부가 적극 지원하고 있다.

건강경영이란 기업이 전략적으로 종업원에 대한 건강투자 및 관리를 통해 생산성 향상, 조직의 활성화를 낳아 결과적으로 실적 향상이나 주가 상승으로 연결된다는 것이다. 일본은 경제산업성이 2014년부터 우수한 건강경영을 하고 있는 상장기업을 선정하는 '건강경영리스트'를 공표하고 있다. 2017년부터는 미상장 중소기업을 대상으로 한 '건강경영우량법인'의 선정도 시작해 건강경영을 대기업만이 아니라 중소기업으로 확대하고 있다. 이밖에 노동환경 유지 관점에서 2015년부터 종업원의 스트레스 체크 의무화가 시행됐다. 이를 위해 국가는 기업의 건강증진 노력에 대해 세제우대를 통한 인센티브 등 지원제도 정비에 나서고 있지만 궁극적으로 건강경영은 기업이 '종업원의 건강=기업의 경영기반'이란 능동적 인식에서 출발한다.[7]

건강경영은 '생활습관병' '정신건강' '금연' 그리고 '가족건강대책'으로 크게 나뉜다. 구체적으로는 건강경영추진회의 실시, 건강상담창구 설치, 건강진단비용 보조, 제휴 스포츠시설 이용 촉진, 사내 독감백신 접종, 감염병 대책을 위한 가글·소독액의 배치, '워라밸(일과 생활의 균형)'의 적극 추진, 스트레스 체크 실시, '노 잔업데이 패트롤' 실시, 근로방식 개혁 연수, 폐연령 측정, 금연지도, 피부양자 건강검진 촉진 등을 들 수 있다.

윤영호 한국건강학회 이사장(서울대병원 가정의학과 교수) 은 '사회적 거리두기'를 지속하기 어렵기에 '감염 박멸'에서 '확산 지연'으로 전환해야 하며 특히 기업이 감염병 예방을 위한 '기업방역관리체계'를 건강경영 차원에서 사전 구축해야 한다고 강조한다. 기업 방역관리체계는 '구조조직' '조사 계획 및 소통' '일상적인 관리' '위기상황 시 관리' '평가 및 피드백' 등 총 54개 항목으로 '감염예방 전담 조직 유무' '감염예방을 위한 수칙 준수 방안' 등 구체적인 질문들을 조사하는 방식이다.[8]

특히 우리나라는 세계 경제규모 11위지만 매년 2400여 명이 산업재해로 죽어가는 나라로 경제협력개발기구 산재 사망률 1위를 차지하고 있다. 고용노동부 잠정집계에 따르면 2020년 우리나라 1~4월 산재 사망자는 315명이다. 이는 코로나19 사망자 269명(5월 26일 기준 집계)보다 많은 수치다. 노동자 한 명이 사망하면 사업주가 물어야 하는 벌금이 고작 450만 원으로 경각심을 높이기에는 턱없이 부족하다.[9] 따라서 코로나19를 계기로 우리나라는 건강경영에 안전을 더한 '건강안전경영' 개념을 새롭게 도입할 필요가 있다.

21대 국회 개원을 앞둔 지난 5월 136개 범시민사회단체가 참여해 '중대재해기업처벌법 제정운동본부'를 출범시켰다. 운동본부는 발족 선언문에서 '사람 목숨이 하찮게 여겨지는 세상은 바뀌어야 한다. 중대재해기업처벌법 제정으로 그 첫발을 열 것'이라고 밝혔다. 한 해 2400명의 노동자들이 산업재해로 죽는 나라! 2017년 20대 국회에서 산재사망과 재난참사에 대한 기업과 정부의 책임을 묻는 중대재해기업처벌법안을 발의했지만 20대 국회는 논의조차 하지 않고 폐기했다. 그러는 사이에 2018년 12월 청년 비정규직 고 김용균, 2019년 4월 청년 건설노동자 고 김태규 등의 죽음이 계속됐다. 영국, 호주 등에서는 기업처벌법을 제정하여 진짜 책임자를 처벌하고 있다. 우리나라처럼 말단관리자에게만 과실치사죄를 적용하는 한계가 없어야 기업이 안전조치를 한다는 사실을 알기 때문이다.[10]

이에 대해 경영계는 중대재해기업처벌법의 처벌 대상인 경영책임자에 안전업무와 관련이 없는 법인의 모든 이사를 포함하는 것은 전과자 양산 부작용으로 이어질 수 있다며 무리한 주장이라고 지적한다.[11] 21대 국회 개원과 더불어 중대재해기업처벌법이 시급히 제정되길 희망한다.

코로나19 이후 닥칠지 모를 제2, 제3의 감염병 파도를 막기 위해 우리 사회의 대전환이 요구된다. 무엇보다 기업인들이 노동자 재해에 대해 참회하고 개선책 찾기에 진정성을 보여야 한다. 이제 기업은 '건강안전경영'으로 거듭나야 할 때다. 정부도 이러한 기업의 건강안전경영 시스템 구축을 위해 감염병 예방 및 대응 차원에서 적극적인 지원책을 내놓아야 한다. 우리 시민도 이제는 기업의 사회적 책임CSR과 사회책임투자SRI의 인식을 갖고 깨어 있는 소비자로서 기업의 변화를 이끌어내야 한다. 이것이 노동하는 우리 모두의 일터와 삶터를 지키는 일이며, 궁극적으로 대한민국의 사회적 면역력을 키우는 길이다.

04

인류의 자업자득, 인수공통감염병

코로나19가 처음 보고된 2019년 12월 31일 이후 7개월여 만에 전 세계 코로나19 누적 확진자가 1800만 명을 넘어섰다. 국제통계사이트 월드오미터 기준 8월 1일 현재 코로나19 확진자는 1800만 9763명, 사망자가 68만 8596명으로 집계됐다. 확진자와 사망자 모두 미국이 가장 많아 각각 476만 4318명과 15만 7898명을 기록했다. 미국과 브라질이 속한 미주대륙 확진자와 사망자가 세계 확진자와 사망자의 절반 이상을 차지했다.[12] 8월 들어 전 세계 코로나19 확진자는 하루 30만 명 가까이 늘어났다.

　세계보건기구는 8월 1일 코로나19 긴급위원회 제4차 회의에서 코로나19가 감염병에 대한 최고 경보인 '국제적 공중보건 비상사태PHEIC'에 해당한다는 데 만장일치로 동의했다고 밝혔다. 또한 이번 팬데믹이 장기화할 것으로 예상한다며 각국과 국제사회의 지속적인 대응 노력을 강조했다. 긴급위원회는 세계보건기구에 코로나19 바이러스SARS-CoV-2의 동물 기원과 역학에 대한 이해를 개선하고, 안전하고 효과적인 치료제와 백신을 개발하는 한편 이에 대한 공정한 접근을 지원하라고 권고했다. 7월 31일 테워드로스 아드하놈 거브러여수스 세계보건기구 사무총장은 코로나19 대유행이 "100년에 한 번 나올 보건위기"라며 "팬데믹의 영향이 수십 년 동안 느껴질 것"이라고 말했다.[13]

이런 상황에서 우리나라는 참으로 다행스럽게 지역발생이 줄고 있다. 8월 1일 현재 신규확진자는 31명인데 그중 해외유입이 23명이며 누적확진자 1만 4336명, 누적사망자 301명이다. 지역발생 확진자는 8명으로, 하루 만에 다시 한 자릿수가 됐다. 중앙재난안전대책본부는 국내 코로나19 상황이 '안정적'으로 관리되고 있다고 강조했다. 현재 격리치료 중인 환자는 806명으로 의료체계에 큰 부담이 되지 않은 수준에서 안정적으로 관리되고 있으며, 치료병상에 있어서도 감염병전담병원에 총 2200개의 병상이 남아 있는 등 여유가 있다는 것이다.[14]

일본은 8월 2일 하루 1333명의 코로나19 확진자가 새로 확인됐다. 이에 따라 누적확진자는 크루즈선 탑승자를 포함해 3만 9326명으로 늘었다. 사망자 수는 1013명이다. 지자체들은 번화가에서 영업하는 주점과 노래방 등에 대해 휴업 혹은 영업시간 단축을 요청하고 있다.[15] 일본 뉴스는 코로나19의 '제2파'가 일본을 덮치고 있다고 표현했다.

지금까지 코로나19는 주로 접촉감염과 비말飛沫감염에 의해 바이러스가 감염되는 것으로 알려졌다. 그러나 최근 공기감염 위험성 논란도 커지고 있다. 지난 2월 코로나19 확진자가 속출한 일본의 대형 크루즈 '다이아몬드 프린세스호'의 집단감염(총 705명 감염, 6명 사망)은 미국 연구진이 컴퓨터 모델링을 통해 '공기 중에 오래 머무를 수 있는 미세 비말에 의한 감염'이라는 연구결과가 나왔다. 지난 7월 초 32개국 과학자 239명이 세계보건기구에 공기감염 가능성을 제시하며 코로나19 방역수칙을 수정하라는 공개서한을 보낸 뒤 세계보건기구는 밀폐된 공간에서의 공기전파 가능성을 공식적으로 인정했다.[16]

세계보건기구는 팬데믹 발생 당시부터 인공호흡기 삽관 및 발관 시 등 특수 상황을 제외하고 코로나바이러스는 공기감염이 되지 않는다는 태도를 취해 왔다. 2003년 사스 때도 비말과 에어로졸 감염의 한 형태로 공기 중 감염위험이 지적된 바 있다. 호주 연구자들은 영국의 감염병 잡지 〈Clinical Infectious Diseases〉(2020. 7. 6)에 코로나바이러스가 공기감염을 한다는 증거가 있으므로, 그것을 전제로 방호책을 세워야 한다고 강조한다.[17]

이와 더불어 전 세계는 코로나19로 인해 인수공통감염병의 확산을 걱정하고 있다. 우리나라 질병관리본부의 '감염병 바이러스 4종 비교' 자료를 보면 사스 · 신종플루 · 메르스 · 코로나19의 공통점으로 감염 매개가 모두 야생동물이라는 사실을 알 수 있다. 사스는 박쥐 · 사향고양이, 신종플루는 돼지, 메르스는 박쥐 · 낙타, 코로나19는 박쥐 등 야생동물이다.

인수공통감염병[Zoonosis] 이란 사람과 그 이외의 척추동물 양쪽에 감염되거나 기생하는 병원체에 의해 발생하는 감염병을 말한다. 동물유래감염증, 인축공통전염병이라고도 불리지만 '축畜'이라는 단어가 가축만을 떠올리게 하기에 근래에는 반려동물이나 야생생물로부터의 감염도 고려해 '수獸'라는 단어가 더 일반적이다. 1975년 세계보건기구는 인수공통감염병을 '척추동물과 인간 간에 정상적인 상태로 전파될 수 있는 질병(감염병)'으로 정의한 바 있다.

미 국립위생연구소[NIH] 에 따르면 전 세계 사인의 16% 가까이가 감염병에 의한 것이며, 기 감염병의 60%, 새로 발견된

감염병의 75%가 '인수공통감염병'로 추정되고 있다. 미국질
병통제예방센터는 세계 인수공통감염병 환자 수는 연간 25
억 건, 사망자 수는 270만 명이 될 것으로 추정한다. 감염경
로도 다양하다. 동물이나 곤충에 물렸을 때, 병에 걸린 동물
을 만졌을 때, 충분히 가열되지 않은 고기나 살균되지 않은
우유, 오염된 물을 사람이 섭취했을 때 등이다.[18]

　인수공통감염병은 현재 약 200종이 알려져 있는데 주로
세균성, 바이러스성, 진균성, 내·외부기생충성 등에 기인
하는 것으로 우리에게 잘 알려진 것은 세균성인 탄저·결
핵·살모넬라증·세균성이질·페스트·렙토스피라증 등
과 바이러스성인 광견병(공수병)·조류독감·일본뇌염·황
열 등이다. 인수공통감염병의 예로는 소에게서 천연두와 결
핵, 돼지·오리에서 독감, 양과 염소에서 탄저병, 쥐에서 흑
사병, 주로 개·고양이·박쥐에서 옮기는 광견병 등이 있
다.[19]

삶의 태도, 사회구조를 바꿔라

　인수공통감염병이라니! 요즘같이 반려동물을 가족처럼
생각하는 많은 동물애호가들에게는 참 곤혹스러울 것이다.

일본 《Animal Health Encyclopedia ^{동물건강백과}》를 보니 반려동물의 인수공통감염병 예방 가이드가 다음과 같이 소개돼 있었다. '동물과의 과잉접촉을 피하는 것이 좋다(동물과 놀았으면 반드시 손을 씻는다. 입으로 옮겨 밥을 주거나 함께 자는 것 등을 피한다)' '동물에게 예방약 투여나 예방접종을 철저히 하고 감염예방을 위해 동물의 손발톱을 깎아 준다' '도마나 칼을 깨끗이 세척한다' '동물의 분뇨는 신속하게 처리한다' '반려동물 주인이 컨디션이 좋지 않아 의사의 진찰을 받을 때 반드시 동물을 사육하고 있다는 말을 전하는 게 좋다.'[20]

재레드 다이아몬드 미 UCLA대 교수는 《Guns, Germs, and Steel ^{총, 균, 쇠}》(1997)에서 가축들이 지닌 질병이 인간의 질병으로 진화했다는 점을 지적한 바 있다. 가축과 가까이 접촉할수록 인간이 숙주가 될 환경에 노출될 위험이 높다는 것이다. 콜럼버스가 아메리카 신대륙에 도착한 뒤 원주민 인구가 격감한 이유가 정복자의 살육과 더불어 유럽에서 실려온 병원균이란 설이 나름 설득력이 있다.

인수공통감염병의 감염 위험은 사람과 동물 간 접촉의 양과 시간에 비례한다는 논문이 있다. 광견병이 박쥐에게서 전염된다는 사실은 잘 알려지지 않지만 에볼라나 사스와 같이 박쥐가 자연숙주인 인수공통감염병은 생각보다 많다고 한다. 인수공통감염병 바이러스를 가장 많이 가지고 있는 것이 박쥐이며, 다음이 영장류, 설치류 순으로 보고되고 있다. '원숭이 면역결핍 바이러스^{SIV}'가 돌연변이에 의해 인간에게 감염되는 능력을 획득하여 '인간 면역결핍 바이러스$^{HIV-1, HIV-2}$'로 변이되는 것과 같이 인간의 서식영역이 확대됨에 따라 이제까지 접촉하는 경우가 드물었던 병원체와의 접촉도 증가하게 됐다. 생태계 파괴와 기후위기 등으로 자연환경이 변하고 그것이 숙주나 중간숙주의 생태에 영향을 끼쳐 미지의 성질을 지닌 병원체가 출현할 위험성이 높아졌다는 것이다.[21]

또 짚고 넘어가야 할 것이 육식과의 관계다. 특히 대규모의 양적인 공장형 축산문제가 심각하다. 그린피스의 보고서 〈Ecological Livestock $^{생태적 축산}$〉(2013. 3)에 따르면 육지의 26%가 가축의 방목지로 사용되고, 전 세계 농지의 75~80%가 가축용 사료 생산에 사용되고 있다. 축산을 포함한 공업형 식량 시스템 전체가 삼림파괴 원인의 80%를 차지한다. 가축배설물이 수로에 계속 버려져 해양이나 하천에 산소부족으로 생물이 살 수 없는 '데드존$^{death zone}$'이 급속히 증가하고 있다. 기업형 축산업이 배출하는 온실가스가 전체의 14%를 차지하고 있는데 이는 지구상의 모든 교통수단이 배출하는 양과 같은 수준이다. 그린피스는 2050년까지 전 세계 육류 생산 및 소비를 지금의 50%로 줄이고 생태적 농축산업을 하자고 제안한다.

유엔환경계획^{UNEP}과 국제가축연구소^{ILRI}는 지난 7월 6일 〈Preventing the next pandemic-Zoonotic diseases and how to break the chain of transmission$^{다가올 펜데믹 예방-인수공통감염병과 전염}$ $^{(사슬 끊기)}$〉라는 보고서를 내놓았다. 보고서에 따르면 인수공통감염병의 확대 이유로 육식 수요와 지속가능하지 않은 축산, 야생생물의 착취, 도시화 및 지속불가능한 토지이용 변화, 여행·수송, 기후변화 등을 들었다. 유엔환경계획은 인수공통감염병 대응을 위해 공중위생과 수의학 그리고 환경전문가들이 힘을 합쳐 유행에 대비하는 '원헬스$^{One Heath}$' 개념의 국제협력이 필요하다고 강조하며 아래 내용을 포함한 10가지 제언을 내놓았다. '원헬스를 포함한 학문 횡단적인 접근에 대한 투자' '질병이 사회에 초래하는 비용 분석 실시' '식료체계를 포함한 인수공통감염병 관련 모니터링 및 규제 강화' '지속가능한 토지이용에 대한 인센티브 부여' '농림수산업과 야생생물이 공존하는 지속가능한 농림수산업 지원' 등이 그것이다.

우리 인류 차원에서 볼 때 오늘날 코로나19와 같은 대재앙이 발생한 것은 '자업자득^{自業自得}'이라는 말의 의미를 새삼 깨닫게 된다. 우리 사회도 이제는 근본적인 틀을 바꿔야 할 때다. 한국판 뉴딜이 진정한 그린뉴딜이 돼야 하는 이유 또한 여기에 있다. 이제야말로 코로나19의 백신 찾기를 넘어 우리 사회 자체가 '생태백신'이 돼야 한다. 사스·신종플루·메르스를 겪으면서도 우리는 진짜 교훈을 살리지 못했다. 기후위기에 적극 대응하여, 도시집중에서 지역분산으로, 육식보다는 채식, 경쟁력·효용성보다는 이타와 연대의식을 키우는 일부터 시작해야 한다. 늦었다고 생각한 때가 빠르다. 위기가 곧 기회다.

05

사회안전망의 최전선, 공공의료

지금까지 세계적 감염병의 유행·종식시기를 살펴보면 우리나라의 경우 사스는 2002년 11월에서 2003년 7월(9개월), 메르스는 2015년 5월에서 12월(8개월)이었다. 코로나19는 지난해 말 발병 이후 11월 현재 1년이 다 돼 가고 있으나 종식의 기미는 커녕 세계적으로는 더욱 확산되고 있다. 유행 간격을 따져 보면 사스에서 신종플루까지 7년, 신종플루에서 메르스까지 6년, 메르스에서 코로나19까지 5년이다. 그 간격이 점점 짧아지고 있다.

이번 코로나19 팬데믹이 끝나더라도 언제 또 다른 팬데믹이 확산될지 모른다. 코로나19 이후 '제2의 진주의료원'과

대전의료원의 설립 추진 등 공공의료원 확충에 대한 지자체의 의지가 예전과 다르다. 이참에 국가 차원에서 공공의료체제를 확실히 정비·개선해야 할 것이다.

공공의료체제를 구축하라

질병관리본부의 청 승격과 보건복지부 복수차관제 도입 등을 담은 정부조직법 일부개정법률안이 지난 7월 3일 국회 법제사법위원회를 통과해 본회의를 거쳐 9월 12일 질병관리청이 출범했다. 2004년 국립보건원에서 '본부'로 확대 개편된 이후 질병관리본부는 16년 만에 청으로 승격됐다.

이와 함께 지난 7월 23일 보건복지부가 '의대정원 확대 및 공공의대 설립 추진방안'을 발표했다. 정부는 2022년부터 현 3058명의 의대정원을 매년 400명 확대해 10년 동안 의사 4000명 추가 양성 및 공공의대 설립을 추진한다는 계획이다. 이 중 3000명은 지역의사 특별전형으로 선발해 10년간 특정지역에서 의무복무하는 지역의사로 육성하고, 500명은 역학조사관·중증외상·소아외과 등 특수분야 인력으로, 나머지 500명은 기초과학 및 제약·바이오분야 연구인력으로 충원한다. 정부에 따르면 우리나라 의사 수는 13만 명 수준이지만 현직 의사 수는 10만 명 정도로, 경제협력개발기구 평균 16만 명과 비교해 부족한 상황이며, 지역별로 인구 1000명당 의사 수가 서울 3.1명, 부산 2.3명, 충남 1.5명, 경북 1.4명 등으로 지역 편차가 크고, 전문의 10만 명 중 감염내과는 277명, 소아외과는 50명 정도라고 한다.[22]

이에 대해 대한의사협회는 지난 8월 1일 긴급기자회견을 열고 현 정부의 추진 정책 중 '의사증원' '공공의료대학 설립 계획' '비대면 진료' '한방 첩약 급여화'를 '4대악'이라고 규정하고 집단휴진을 예고하는 등 반발이 거셌다. 반면 보건의료노조는 우리나라 의료법이 진료보조인력인 '진료보조PA 간호사'를 인정하지 않는 데 따른 총체적 의료인력 부족 문제가 심각하다고 지적했다.[23] 그 뒤 대한의사협회 주도 아래 의료계 집단 휴진으로 사회적 파장이 커졌으나 지난 9월 4일 정부·여당과 의협은 의대정원 정책 추진 및 집단휴진 중단과 관련해 '원점 재논의' 합의문에 서명했다. 사실상 정부의 공공의료정책이 백지화된 셈이다.

코로나19를 겪으면서 우리 사회는 공공의료체계 개선의 당위성을 느끼게 됐다. 다만 이러한 과정에서 이해관계자를 중심으로 한 사회적 논의가 필요한데 무엇보다 중요한 것은 '국민의 공감'이라는 사실이다. 그러기 위해선 감염병과 관련해 공공의료체계 개선을 위한 그간 논란의 핵심을 제대로 살펴볼 필요가 있다.

공공의료, 본질부터 파악하라

　박근태 대한개원내과의사회 총무이사는 2015년 10월 〈의료정책포럼〉 제13권(3) '대규모 감염병 발생 시의 의료체계'라는 주제발표에서 대규모 감염병 발생에 대비해 다음과 같이 의료체계를 개선해야 한다고 제안했다.

　첫째, 보건복지부에서 보건부를 독립하고 의사 등 전문가 집단을 적극적으로 등용하여 보건정책을 수립해야 한다. 둘째, 보건소를 지자체에서 보건부 산하기관으로 바꾸어 진료기능을 없애고 본연의 업무인 전염병 및 예방관리에 힘쓰게 해야 한다. 셋째, 의료전달체계를 개선하여 대형병원 쏠림현상을 막아야 한다. 넷째, 원가 이하의 수가를 적정하게 올려 의료쇼핑을 막고 올바른 의료환경체계를 구축해야 한다. 다섯째, 1차 의료기관에서 감염관리체계를 갖추기 위해 정부의 아낌없는 지원이 필요하다. 여섯째, 1차 의료기관과 긴밀한 협조를 통해 포괄적인 대응력을 키우기 위한 정부의 과감한 투자가 필요하다. 일곱째, 피해 입은 의원에 대한 조속하고도 실질적인 보상대책이 필요하다.

또 참여연대, '건강권 실현을 위한 보건의료단체연합'은 2015년 8월 〈월간 복지동향〉 202호에 '메르스 사태 이후 시민사회단체가 요구하는 보건의료 8대 정책과제'를 제시했다. '위험정보 공개와 시민의 알 권리 보장' '공공의료 확충' '간병의 공공화' '의료상업화의 중단' '공중방역체계 개혁 및 지역방역체계 구축' '감염질환 1인실화 및 건강보험 적용' '응급실 구조개혁' '주치의 제도 도입' 등 하나같이 지금 정부와 국민이 관심을 가져야 할 내용들이다.

'보건의료 8대 정책과제'는 메르스 사태에 대한 공공의료체계의 문제점에서 출발한다. 2015년 메르스 사태로 드러난 방역의 문제점은 '정부의 비밀주의'였다. 당시 정부의 메르스 발생병원 공개 거부로 수많은 환자들이 감염된 사실조차 모르고 전국으로 이동해 메르스를 확산시켰다. 세계보건기구가 2005년 발표한 '감염병 발생 시 소통 가이드라인'은 조기의 투명한 정보공개로 대중의 신뢰를 얻는 것이 매우 중요하다고 강조한다. 이들은 감염병법에 정보공개 의무를 명문화했으나 위반 시 강력한 책임추궁과 손해배상이 필요하다고 제안했다.

우리나라 공공병원의 병상은 2015년 당시 전체 병원 중 6%, 전체 병상 중 9.5%로 경제협력개발기구 평균인 73%에 비해 턱없이 부족하다. 민간병원은 수익성이 없는 격리병실이나 음압병실을 설치하지 않고 있다. 메르스 당시 삼성서울병원은 정부의 역학조사에 응하지 않고 자체조사만을 실시해 방역조치에 필수적인 역학조사마저 방해했다. 이를 개선하기 위해 광역지자체별로 광역거점 공공병원을, 장기적으로는 기초지자체도 공공병원을 설치해야 한다. 또 공공병상을 30%까지 확보할 필요가 있다. 음압병상도 갖추지 못한 일부 지방의료원 등 기존 공공병원의 시설과 기능을 강화하고, 폐원된 진주의료원의 조속한 재개원이 필요하다고 강조했다.

우리나라는 병상 당 의료인력이 경제협력개발기구 평균의 1/3 수준이어서 간호인력의 간병이 사실상 불가능하고, 환자가족과 간병인이 메르스에 많이 감염돼 확산에 큰 영향을 미쳤다. 간병 서비스의 국민건강보험 적용, 병원인력 확충, '보호자 없는 병원' 확대가 절실하다는 것이다.

메르스 사태는 의료상업화, 인증평가의 민영화 등으로 인한 위험을 그대로 드러냈다. 2014년 당시 박근혜 정부가 '병원 영리 부대사업 확대시행령' 입법을 강행해 병원에 수영장, 헬스클럽, 쇼핑몰, 호텔까지 허용하는 의료상업화 정책을 추진했다. 그러나 대형병원의 감염병 확산 경험으로 보아 병원에 쇼핑몰, 호텔까지 들어설 경우 감염예방이 불가능한 것은 명백했다. 2010년 병원인증평가제도가 민간기관

인 의료기관평가인증원에서 이뤄지게 됐다. 의료기관평가
인증원은 2014년 삼성서울병원에 감염관리 부분 최고점수
를 주었으나 메르스 최대 감염지가 된 삼성서울병원 응급
실은 정작 인증평가의 감염관리 평가대상에서 빠져 있었다.
시민사회단체는 병원 부대사업 확대 중단, 의료광고 확대
중단, 원격의료 등 수익 중심의 의료 추진 중단 등 의료상업
화를 막아야 한다고 제안했다.

또한 방역체계의 부재를 개선하기 위해서는 지역방역체
계를 강화해 광역자치단체별 질병관리본부 또는 그에 준하
는 체계를 만들고 기초자치체의 보건소까지 연결되는 방역
체계를 갖춰야 한다고 강조했다. 메르스 때 다인실에서 감
염병이 확산된 만큼 음압병실 확대 및 민간병원의 음압격리
시설 의무화가 필요한 만큼 병원평가에 음압병실의 일정비
율을 명문화하고 감염질환에 1인실 건강보험 적용이 절실
하다는 것이다.

수도권 대형병원은 수익 극대화를 위해 병원 규모에 비
해 응급실을 크게 만들고 응급실을 입원실로 활용하고 있어
입원실화된 응급실에 감염질환자, 간병가족, 문병객이 상주
하게 됨으로써 메르스가 급속히 전파됐다는 것이다. 응급실
구조개혁을 위해서는 병실대비 응급실 규모를 개편하고, 병
상대비 응급환자 수를 응급환자 전달체계에 반영해 대형병

원일수록 중증환자들을 받도록 하는 의료질평가지표를 도입하고, 중환자실 등 병실 포화 시 응급환자를 타 병원으로 조기 전원시키는 체계가 필요하다고 제안했다.

　대부분의 경제협력개발기구 국가와 달리 우리나라는 주치의제도가 없다. 2000병상이 넘는 초대형 병원이 많은데 이들 병원은 지역 환자들만으로는 병상을 채울 수 없다. 따라서 전국적으로 환자를 진료하기에 '전국구 병원'이라고 불리는데 이런 전국구 병원이 의료전달체계를 무너뜨리고 전국적으로 전염병을 퍼뜨리는 역할을 하고 있다는 지적이다. 개선방안으로는 주치의제도 도입, 환자 의뢰구조의 개선, 3차 병원의 경우 중증환자 중심의 의료전달체계 정상화가 이뤄져야 한다. 즉, '병원은 입원 중심, 의원은 외래 중심'으로 개편돼야 한다는 것 등이 위 '보건의료 8대 정책과제'의 핵심 내용이다.

　그로부터 약 5년이 지난 2020년 7월 31일, 경실련과 참여연대, 보건의료단체연합 등이 '공공의료 의사는 어떻게 양성해야 하나'를 주제로 토론회를 열었다. 이날 김진현 서울대 간호대 교수(경실련 보건의료위원장)는 "2000년 의약분업 과정에서 의대 정원을 동결하는 바람에 의료 이용량이 급팽창했음에도 의사 공급이 부족해졌다"고 진단하고 "수도권, 충청권, 호남권, 영남권 등 권역별로 100~150명 규모의 공공의대를 신설해 의사 부족과 지역 간 의사 불균형 문제를 해결해야 한다"고 주장했다. 최근까지 서울시 시민건강국장을 맡았던 나백주 서울시립대 도시보건대학원 교수는 "서울 내 보건소에도 의사가 최소 필요 인력보다 1~2명씩 부족하고, 시립병원 이직률이 19.2%에 이르는 등 지역 내 공공의료 기관의 의사 부족현상이 심각하다"며 "보건복지부에 지역공공보건의료 인력 관리를 담당할 별도 부서를 만들고, 지방의료원에 의료인력을 확충해야 한다"고 주장했다.[24]

박성원 국회미래연구원 혁신성장그룹장은 〈월간중앙〉(2020년 7월 17일)에 '코로나19 이후의 세계 전망에 필요한 10가지 질문'이란 제목의 칼럼을 기고했다. 그중 "세계적 감염병이 상시화될 때, 정부는 지속해서 신속하게 공공자원을 확보하고 사용할 수 있는가?"라는 질문에 대한 그의 답은 이랬다. "감염병은 확산 속도가 빨라 정부가 초기에 신속하게 대응해야 하며, 확산을 막기 위해 공공의료자원을 끌어 모아 대응해야 한다. 중앙정부와 지역정부의 공조, 시민사회와 비정부기구, 기업들과의 협력도 정부가 끌어내야 한다. 한국은 K방역이라는 소리를 들을 만큼 코로나19 대응을 잘하고 있지만, 공공보건의 관점에서는 아직 개선해야 할 점이 많다. 2008년 공공병상 비중이 14%에서 2015년 10%로 감소했는데 이는 경제협력개발기구 24개국 중 꼴찌다. 공공의

료를 이익의 관점에서 따지다 보니 공공의료자원을 축소하
게 된 결과다."

21세기 감염병 팬데믹시대를 사는 우리에게 의료는 사회
적 안전망의 최전선이며, 따라서 공공의료체계의 구축은 우
리 사회의 안전과 공동체성을 확보하는 중요한 지렛대다.
'의료를 돈벌이로만 접근하지 말라'는 말은 재난의 시대를
사는 우리 모두의 바람이자 선언이다. 공동체성은 국가가,
아니 우리 모두가 담보해야 할 삶의 조건이자 가치이기 때
문이다.

제3부

불평등 해소

"빈부격차를 줄여라"

01

임금격차, 위기사회를 불러오다

코로나19 위기로 그동안 우리 사회가 선망해 마지않았던 세계 최강 미국의 민낯이 드러났다. 미국은 지난 11월 14일 기준으로 확진자가 1000만 명을 넘어섰고 사망자도 25만 명으로 전 세계 사망자(약 130만 명)의 약 5분의 1을 차지했다. 의료 민영화로 공공의료체계가 무너지고 또 극심한 빈부격차 탓에 미국 국민은 '각자도생'의 길을 걸을 수밖에 없어 보인다.

재난을 맞아 자산·소득이 없는 사회적 취약층의 삶이 생사의 갈림길에 서 있다. 해고된 노동자나 실직자, 자영업자, 비정규직, 프리랜서의 생계는 막막하다. '어느 한 곳의

가난은 모든 곳의 번영에 위협이 된다'는 말은 국제노동기
구^{ILO} 헌장의 원칙으로 알려져 있다. 재난을 맞아 자산·소
득이 없는 자의 삶이 무너지고 있다면 이것은 사회의 총체
적 위기이자, 이제껏 우리가 신봉했던 자본주의의 위기임
이 분명하다.

자본주의가 낳은 부의 불평등

자본주의는 '경쟁과 효율성'에 우위가 있었다. 하지만 효
율적 자원 배분과 사회적 잉여는 어디로 사라졌는가? 경쟁
과 기회, 배분에서 공정성을 확보하지 않는다면 자칫 자본
주의는 천민자본주의를 넘어, 세습자본주의, 야수자본주의
로 전락하고 만다. 양극화되어 불평등한 사회, 공동체성이
파괴된 사회에서 좋은 삶은 가능하지 않다. 미래학자 헤이
즐 헨더슨$^{Hazel\ Henderson}$은 '위기를 낭비하는 것은 범죄'라고
말했다. 위기를 기회로 삼아야 한다는 뜻일 것이다. 미증유
의 코로나 위기를 맞은 지금 우리는 다시 좋은 사회, 좋은 삶
에 대한 사회적 논의와 협의가 필요하다.

부의 불평등, 양극화를 대변하는 가장 큰 현상이 자산의
양극화인데, 특히 소득·임금격차 문제는 이 시점에서 깊이

생각해 보아야 한다. 문재인 대통령은 대권 공약으로 '최저임금제 보장'을 내걸었지만 실행 단계에서 많은 반대와 어려움에 부딪혀 사실상 공약을 폐기한 상태다. 차제에 부실해진 최저임금제의 실질을 살리고 '최고임금제' 도입 역시 고려할 것을 주장한다.

임금격차가 극심하지만 은근 당연시하는 대표적 사례로 프로스포츠계가 있다. 코로나19로 인해 전 세계 프로스포츠계도 리그 개막이 연기되거나 무관중 경기로 입장료, 광고수입 등이 급감하면서 프로구단에 '구조조정'의 칼바람이 불었다. 리오넬 메시가 있는 스페인 프리메라리가의 바르셀로나는 선수들의 연봉 70%를 삭감하기로 결정했다.[1] 미국 경제전문지 〈포브스〉가 2019년 발표한 스포츠 선수 연봉 순위 1위인 메시의 연봉은 무려 9200만 달러(약 1130억 원), 여기에 광고수입까지 합하면 1억 2700만 달러(약 1560억 원)에 이른다.[2]

한국프로축구연맹은 2020년 K리그 전체의 매출 손실이 약 575억 원에 이를 것으로 추정했는데 이는 2019년 K리그 전체 매출의 약 15%에 해당하는 금액이라고 한다. K리그 등록선수는 모두 800여 명으로 수억을 받는 고액연봉자도 있지만 최저연봉 2400만 원을 받는 선수들도 있다.[3] 메시의 한 해 총수입이 K리그 한해 매출의 40%에 해당한다.

이런 가운데 미국 메이저리그 텍사스 소속 추신수 선수가 지난 4월 2일 코로나19 사태로 생활고를 겪는 텍사스 산하 마이너리그 선수 191명에게 1인당 1000달러(약 123만 원), 우리 돈 총 2억 3000만 원을 기부했다는 훈훈한 소식이 전해졌다. 미국 언론은 추 선수의 선행을 높이 사면서 야구계에서 많은 부를 축적한 구단주들도 어려운 선수들을 도와야 한다고 목소리를 높였다.[4] 이제는 스타의 연봉이야기가 아니라 저임금에 허덕이는 프로선수의 최저임금에 대해서도 관심을 가져야 하지 않을까.

최근 미국의 디즈니랜드는 코로나19 사태로 인한 영업부진을 이유로 현장 직원 절반에 해당하는 10만여 명을 일시 해고하면서도 7월 대주주의 배당금과 임원들의 보너스로 총 15억 달러(약 1조 8459억 원)를 지급하기로 결정했다. 이 돈은 모든 현장 직원 20만여 명의 3개월 급여와 맞먹는다. 이런 돈잔치에 디즈니랜드 상속자인 애비게일 디즈니가 분노의 트윗을 날렸다. 디즈니는 아이거 디즈니랜드 회장이 놀이공원 직원 임금(연 3만 1200달러)의 1500배, 밥 차펙 CEO는 300배의 임금을 받고 있다고 지적했다.[5]

우리나라 대기업 CEO의 임금은 어떨까? 2014년 대기업 CEO, 임원진과 직원들의 연봉 격차가 평균 36배고, 최고 차이가 나는 삼성전자는 무려 143배였다. 삼성전자 신종균 사

장이 그해 받은 연봉은 145억 7200만 원. 이 연봉에는 CEO
들의 스톡옵션이나 자사주 등의 배당수익은 포함되지 않았
다.[6] 경제개혁연구소에 따르면 2014~17년 대기업 CEO 776
명의 평균 연봉은 14억 2000만 원으로 집계됐는데 이는 직원
들의 평균 연봉 6900만 원의 21배 수준으로 나타났다.[7]

오스트리아 빈 출신의 경제학자 칼 폴라니[Karl Polanyi]는
《The Great Transformation *대전환*》(1944)에서 '자유시장은 자연
적으로 생긴 것이 아니라 인위적인 시스템'이라고 말했다.
또 '시장 시스템은 사회와 인간을 위해 봉사해야 하지, 그
반대여서는 안 된다'고 강조했다. 폴라니는 '자유시장경제
아래서는 대부분의 국민이 빈곤에 빠진다. 유럽의 봉건제도
아래에 불균형은 있었지만 모든 사람에게 뭔가 보호가 주어
져 어느 한 사람도 굶는 일은 없었다. 상대적으로 자유시장
원리 아래에서는 국가가 부유할수록 보다 많은 국민이 빈곤
생활에 빠진다'고 지적했다. 그는 "시장의 역할을 이데올로
기에 맞춰 계속 과대평가해 왔기에 생활의 모든 면을 시장
화하면 국가와 사회가 파멸적인 영향을 받지 않을 수 없다"
며 "우리들은 시민인가 아니면 소비자에 불과한가"라고 묻
고 있다.

최고임금제로 임금격차를 줄여라

문제가 있다면 함께 해결책을 모색해야 한다. 임금격차를 줄이기 위한 사례가 없지 않다. 《Small is Beautiful^{작은 것이 아름답다}》(1973)의 저자인 독일의 환경경제학자 E. F. 슈마허 역시 이점에 착안했다. 그는 1960년대 경영자문으로 참여했던 '스코트바더사^{Scott Bader}'의 행동강령에 '조직 내부에서 일에 대한 보수는 최저수준과 최고수준의 격차가 나이, 성별, 직무, 경험에 상관없이 세전 기준으로 1대 7을 초과해서는 안 된다'는 규정을 만들었고 이를 실천했다.

스위스에서는 2013년 3월 CEO 고액연봉을 국민투표로 제한하는 법안이 국민발안으로 제출돼 67.9%의 압도적인 지지로 통과됐다.[8] 우리나라에서도 지방공공기관의 임원임금 상한제가 제도화돼 타시도로 확대되고 있다. 부산광역시는 2019년 8월 전국 최초로 부산형 공공기관 임원 보수세부기준을 마련했다. 조례에 따르면 임원 연봉 상한선은 공공기관장의 경우 최저임금 월 환산액에 12개월을 곱한 금액의 7배 이내, 임원은 6배 이내다.[9]

잘 알려지지 않았지만 21대 총선에서 정의당은 '최고임금제' 도입을 공약으로 내놓았다. 국회의원과 공공기관, 기업 CEO의 임금을 최저임금과 연동해 민간기업의 최고임금은 최저임금의 30배, 공공기관의 최고임금은 최저임금의 7배, 국회의원의 보수는 최저임금의 5배 이내로 정할 수 있도록 제한하자는 것이다.[10]

이번 코로나19 사태를 맞아 지난 3월 말 문재인 대통령을 포함한 장·차관급 이상 공무원들이 4개월치 급여 30%를 반납하기로 한 뒤에 공기업 임원 등의 일정분의 급여 반납이 이어졌다. 또한 삼성·현대 등 대기업과 뜻있는 시민들이 나서 800억 원에 이르는 '재난기부금'을 관련 단체에 기부했다. 21대 총선 과정에서 불이 붙은 재난기본소득 논란에 힘입어 '긴급재난지원금'이라는 이름으로 정부가 전 국민 2171만 가구에 '4인가족, 100만 원' 기준으로 총 14조 3000억 원을 5월 중에 대부분 지급했다. 모든 국민은 재난을 당했을 때 국가로부터 생활을 보장받을 권리가 있다. 비단 코로나19 사태에만 한시적으로 시행될 일이 아니기에 장기적으로는 '보편적 기본소득'으로 확대돼야 마땅하다.

그동안 이러한 '보편적 복지'정책에 대해 신자유주의적 경제이데올로기를 가진 극우보수진영에선 '퍼주기' 운운하며 공격을 해 왔다. 최저임금 보장이 대기업을 제외한 중소기업과 자영업자에겐 '부담'으로 작용한 면이 있는데, 보수언론은 이걸 마치 최저임금제로 인해 우리 경제가 '폭망'하는 식으로 호도해 왔다.

2008년 노벨 경제학상 수상자인 폴 크루그먼은 《The conscience of a liberal *자유주의자의 양심*》(2007)에서 '격차는 만들어졌다'고 강조한다. 미국의 소득격차의 확대는 기술혁신이나 세계화의 결과가 아니라 격차를 조장해 온 공화당의 정치적 가치관과 정책에 기인한다고 주장했다. 공화당은 '보수우파운동(우리나라의 뉴라이트운동과 유사)'을 통해 '과세는 악이며 시장은 늘 옳다'는 이데올로기를 국민들에게 주입해 왔다는 것이다. '정부는 수요와 공급의 시장 법칙에 개입해서는 안 된다' '임금격차를 시정하려고 하면 반드시 역효과를 가져온다' '높은 소득세는 노동의욕을 훼손하고, 높은 법인세는 기업 투자를 격감시키고, 대폭적인 임금상승은 대량실업으로 이어진다'는 것이 이데올로기의 주된 내용이었다. 그런데 실제로는 증세와 임금상승이 실현돼도 우려한 상황이 일어나지 않았고 오히려 정부의 개입으로 경제가 살아나 1950년대 말부터 1970년대 초까지 소득격차를 줄이는 '대압착*great compression*'이 이어졌다고 분석했다.

코로나19 사태를 계기로 우리는 신자유주의적 자본주의에 수술의 칼날을 대야 한다. 자본주의 시스템의 효율성을 살리기 위해서라도 양극화를 해소하는 여러 정치·경제제도의 개선이 필요하다. 그럴 때야만 공동체성을 회복하고 다가올 미래재난에 국가와 국민이 총체적으로 대응할 수 있는 '미래자본으로서 사회적 자산'을 가질 수 있을 것이다.

불로소득을 사회에 환원하라

재난과 불평등

왜 재난은 가난한 이들에게만 가혹할까? 존 C. 머터[John C. Mutter] 미 컬럼비아대 교수는 《재난 불평등 The Disaster Profiteers》(2015)에서 '재난 사망자 수는 소득수준과 상관관계가 깊다'고 강조했다. 스톡홀름 국제경제연구소의 데이비드 스트롬버그 박사는 동일한 형태의 재난이 발생할 때 부유한 나라의 사망자 수는 가난한 나라 사망자 수의 30%밖에 되지 않았다고 밝혔다.

국제통화기금 연구진은 코로나19가 특히 취약계층에 악

영향을 미쳐 불평등을 악화시킬 것이라고 경고했다. 과거 사스(2003년), 신종플루(2009년), 메르스(2012년), 에볼라(2014년), 지카(2016년) 등 5가지 사례를 추적해 175개국을 조사한 결과 세금을 제외한 순소득 기준으로 전염병 발생 뒤 5년 후에는 불평등의 척도인 지니계수가 1.5% 가까이 올랐으며, 저숙련 노동자들의 실업률이 5% 증가했다고 밝혔다. 게오르기에바 국제통화기금 총재도 불평등의 증가를 막지 못하면 지속가능한 성장이 어렵다며 진보적 조세정책, 즉 부유세의 도입을 주장하기도 했다.[11]

《Capital in the Twenty-First Century*21세기 자본*》(2013)의 저자 토마 피케티^Thomas Piketty는 '불평등이 감소하는 유일한 시기는 재난이 일어났을 때이며, 그 뒤 전체 경제 규모를 넘어서는 자본이 되돌아오면 상황은 달라진다'고 말한다. 자본소유자는 재난 직후에 자본을 급속히 불릴 기회를 발견하기에 재난은 자본소유자를 더욱 부유하게 만들고, 자본이 부족한 이들을 더 가난하게 만들어 불평등을 심화시킨다는 것이다.

우리나라도 1997년 외환 위기 이후 상위 10%에 집중됐던 소득이 2008년 세계 금융 위기 이후 상위 1%에게 집중돼 계층간 불평등이 심화되고 있으며, 문제는 불로소득을 고자산가들이 독식하고 있다는 점이다. 그리고 불로소득의 핵심은 단연코 부동산이다. 코로나19 사태로 소상공인 자영업자의 매출 감소가 커지자 일부 상가 건물주들이 임대료를 동결하거나 깎아 주는 '착한 임대인운동'이 한동안 언론에 올랐다. 하지만 천장부지의 부동산 가격폭등에 서민들의 생활 기반이 흔들리고 있다. 착한 임대주의 임대료 할인 대신 부동산 금융 불로소득에 대한 세제를 강화하는 등 근본적인 조세정의가 절실하다. 그러나 정부는 부동산문제에서는 늘 변죽만 울리고 있다.

지난 5월 6일 국토부가 '수도권 주택공급 기반 강화방안'을 발표하자 다음날 경실련 부동산건설개혁본부는 '5·6 부동산대책에 대한 경실련 입장'이라는 항의성명을 내놓았다. 경실련은 정부의 이번 대책이 2023년 이후에도 수도권 내 연간 25만 호 이상의 주택 공급을 위해 수익성이 없는 재개발 사업에 공기업을 투입해 '분양가상한제 제외' '기부채납 비율 완화' '용적률 특혜 제공' 등 특혜를 제공하겠다는 게 골자라고 비판했다. 국민은행 부동산통계 기준으로 2020년 4월 현재 서울 아파트 평균가격은 한 채당 9억 1000만 원으로 2017년 5월에 비해 3억 원이나 올랐다. 문재인 정부 출범 이후 약 3년 만에 서울 아파트값만 500조 원, 전국 땅값이 2000조 원 이상 올랐다. 경실련은 공공 재개발로 포장한 토건특혜 대책을 백지에서 재검토하라고 주장한다. 문재인 정부의 수차례 부동산대책에도 떨어지지 않았던 집값이 최근 코로나19 여파로 주춤하고 있는데 지금 필요한 정책은 거품부양책이 아닌 근본적인 거품제거대책이라고 강조한다.

토지사유화는 정당한가

부동산 가격 폭등의 문제는 불로소득의 사회적 환수가 핵심이다. 부동산 불로소득에 대해 근본적인 질문을 던진 사람은 미국의 사회개혁가 헨리 조지였다. 그는 《Progress and Povery진보와 빈곤》(1879)에서 생산력이 증가하는 '진보'를 이뤘는데도 생존 최저임금이라는 '빈곤'이 발생하는 이유는 생산에 아무런 기여도 하지 않는 지주가 토지가치를 차지하는 것을 합법화하는 '토지사유제'라고 말한다. 따라서 매년 토지의 연간 임대가치인 지대를 정부가 환수해 사회의 공공비용으로 사용하고 다른 조세를 면제하는 '토지가치세land value taxation'를 실시할 것을 주장했다.

조지의 사상은 토지를 제외한 재산의 사유를 적극 옹호하면서 시장경제를 기반으로 하기 때문에 생산수단의 사회화 및 계획경제를 기반으로 하는 사회주의와 본질적으로 다르다. 조지는 토지사유제에서 비롯된 불평등의 문제를 해결하지 않는 한, 정치적 민주주의만으로는 무정부 상태와 전제 정치로 빠지게 될 것이고, 결국 문명은 쇠퇴하고 말 것임을 우려했다. 조지는 토지사유제가 타인의 자연권을 침해하는 점에서 노예사유제와 닮았다고 지적한다. 토지사유제가 인간의 노예화를 초래할 뿐 아니라 인간으로서 용서받지 못할 잔혹행위를 방조한다는 것이다.

　조지의 토지세를 실제 국가의 세금체제 안에 도입하려는 최초의 시도는 1909년 영국에서 이루어졌다. 윈스턴 처칠이 장관 시절 영국 자유당 내각이 입안했던 국민예산People's bud-get이 보수당의 반대에 부딪혀 토지가치세가 빠진 채 통과됐다. 이후 토지가치세는 호주, 싱가포르, 남아프리카 공화국, 대만, 우리나라 등에 '토지공개념'을 바탕으로 다양한 형태로 발전됐다. 특히 덴마크는 국가적 차원에서 조지의 아이디어를 적용해 성공한 최초의 나라인데, 1957년 연립정부 수립에 성공한 덴마크 정의당은 '토지세 정부'로 강력한 정책을 폈다. 도시의 토지보유세 세율을 두 배 이상 올려 토지투기를 막고, 노동과 자본에 대한 세금을 감면했다. '토지세 정부' 집권 이후 덴마크의 국제수지는 적자에서 흑자로 전환됐으며, 인플레이션율도 1% 수준으로 떨어졌고, 실업이 거의 해소되고 실질임금은 사상 최고의 상승세를 보였다.[12]

　불평등 구조의 방치는 민주주의를 위협할 뿐 아니라 인간

존재 가치의 평등성을 침해한다. 부동산을 의식주의 중요한 한 부분으로 보아야 한다. 그런데 부동산이 전체 자산의 대부분을 이루고 있고 갈수록 그 격차가 심화된다면 이것은 단순한 빈부의 문제가 아니다. 마치 옛날 노예제 사회를 방불케 하는 '인간의 인간에 대한 갑질'을 공공연하게 만드는 결과를 낳게 되고 말 것이다.

'갓물주'가 요즘 초등학생들의 꿈의 직업에 손꼽힌다고 하는 웃지 못 할 현실에다, 최근에 아파트 입주민의 폭언 폭행으로 경비원이 스스로 목숨을 끊은 사건이 발생하는 것 역시 부동산 불평등이 빚어낸 '사회적 재난'이다. 토지 건물 임대수익, 금융수익 등 노동하지 않고 얻는 불로소득을 누리는 특권계층이 존재하는 사회구조, 사회적 불평등과 격차를 심화시키는 부동산 투기 문제를 근본적으로 바꿔내야 하지 않을까? 토지 금융 자산세의 중과세, 임대료 할인 대신 세제 개선 필요, 기부를 넘어 정의로운 조세정책을, 부유세를 다시 생각하는 이유다.

불로소득에 과세하라

그래도 이제 우리나라 정치지도자들이 부동산 불로소득

에 대한 대안 찾기에 나서고 있다는 것은 그나마 반길 일이다. 더불어민주당이 21대 총선 이후 '토지공개념 개헌' 이야기가 나오자 미래통합당(현 국민의힘)이나 보수언론에서는 '토지공개념은 헌법정신 배치' '시장경제 훼손' 운운하며 반대 목소리를 높이고 있다. 반면에 이재명 경기도 지사를 비롯해 여권의 대선 주자 가운데는 '토지 국민공유제' '국토보유세' 도입을 검토하겠다고 밝히고 나서 2022년 대선에서는 불로소득 환수, 토지공개념이 국민적 이슈로 등장할 가능성이 높아 보인다.

폴란드 출신 사회학자 지그문트 바우만은 《왜 우리는 불평등을 감수하는가?-가진 것마저 빼앗기는 나에게 던지는 질문》(2013)에서 대니얼 돌링의 불평등 현상과 원인에 관한 연구를 소개하면서 부유한 국가들 내에서도 사회적 불평등이 지속되고 있는 것은 부정의不正義의 교의들에 대한 믿음이 계속 이어지고 있기 때문이라고 했다. 즉, '엘리트주의가 효율적이다' '배제는 정상적이고, 부에 대한 욕망은 삶의 향상에 이바지한다' '이런 것들로 인해 초래되는 절망은 불가피하다' 같은 것인데 이제는 더 이상 이러한 거짓 믿음에 굴복해서는 안 된다고 강조한다.

아직도 우리 사회는 신자유주의경제를 기반으로 한 야수자본주의의 불평등 모순 구조를 문제시하고 변화를 도모하려고 하면 '급진주의자' '빨갱이' 운운하는 극우반공 이데올로기에서 쉽게 못 벗어나고 있다. 브라질의 성자 돔 헬더 카마라 대주교는 이렇게 말했다. "내가 가난한 사람들에게 음식을 주면 사람들은 나를 성자라고 불렀지만, 내가 왜 가난한 사람들이 그토록 많은지를 물으면 사람들은 나를 공산주의자라고 불렀다."

존 C. 머터는 '재난이 자연적 사건일뿐 아니라 경제적 정치적 속성을 갖고 있다는 점을 깨닫는 것이 중요하다'고 강조한다. 자연이 처음 타격을 가하는 그 순간은 자연적이지만 재난 이전과 이후의 상황은 순전히 사회적 현상이며, 극심한 사회적 불평등은 셀 수 없이 많은 사회적 병폐와 경제적 재난이 발생하는 원천이라는 것이다. 따라서 재난으로 이익을 챙길 기회를 제거하는 것은 부정의를 바로 잡는 일일 뿐 아니라 멀어져 가는 우리 서로를 좀 더 가까이 끌어당겨 주는 일이 될 것이라고 결론지었다.

경제인문사회연구회는 《녹색성장-한국경제사회발전의 새로운 패러다임》(2009)에서 '한국경제가 어차피 증세를 해야 할 단계에 왔다면 소득세의 누진성을 강화하고, 노동소득보다 자본소득에 대한 과세를 강화하고, 자산보유에 대한 과세를 강화하는 방향으로 나아갈 수밖에 없다. 단계적 증세를 통한 재분배의 확대, 이 방법 말고는 극심한 불평등을 둔화시킬 방법이 없어 보인다'고 결론짓는다.

정부와 국회에 촛불정신으로 이러한 불평등의 시정을 요구해야 한다. 우리 사회의 불로소득 사회환원에 대한 입법화를 청원해야 한다. 재난은 자연적일지라도 발생 이후 대처 과정은 사회적 현상이다. 의지와 방법의 문제다. 불평등에 눈을 감는다면 더 이상 민주주의가 아니다.

03

재난의 또 다른 이름 '사회적 불평등'

부의 쏠림

　'청소년 사망자 10명 중 3명은 자살. 대기업 노동자 임금의 반을 못 받는 중소기업 노동자. 최저임금도 못 받는 노동자 208만 5000명. 임시직 노동자비율 경제협력개발기구 최고 23.76%. 성별 임금격차 37.4%. 여성 10명 중 4명은 저임금 노동자. 저소득층 가계부채, 연소득의 2배. 제2금융권에서 돈 빌리는 가계 50%. 삼성전자 임원 연봉, 노동자 연봉의 137배. 주식 부자 상위 1%가 시가총액의 81.8% 소유. 10대 대기업 현금 창고에 123조 7000억 원. 아파트 전세가격 상승률, 소득증가율의 2.5배. 저소득층 주거비 부담, 고소득층의 6배. 저소득층 의료비 부담 고소득층의 10배 이상. 노인자살률 세계 1위. 여성 노인의 상대적 빈곤율 74.9%.'

2014년에 나온 《분노의 숫자-국가가 숨기는 불평등에 관한 보고서》라는 책에 나오는 우리 사회 불평등의 단면을 보여주는 지표다. '새로운 사회를 여는 연구원(원장 정태인)'이 펴낸 이 책은 '한국 사회의 불평등이 심화된 것은 1990년대 중후반, 외환위기가 기점이었다. 외환위기는 한국 경제가 신자유주의로 방향을 전환해, 이전까지와는 전혀 다른 방향으로 가는 분기점이 되었다'고 지적한다.

그 대표적 변화를 소득 불평등을 나타내는 지니계수를 통해 확인할 수 있다는 것이다. 지니계수(0~1)는 낮을수록 소득이 평등하다는 것을 의미하는데, 1990년대 초반 한국의 지니계수가 0.250 수준을 유지했으나 외환위기 이후 1999년에는 0.288로 증가했고, 세계 경제위기가 있었던 2008년 0.294, 2009년 0.295로 소득은 점점 불평등해지고 있다. 임금과 생산성 관계를 보아도 우리나라 제조업은 외환위기 이전 (1985~97년) 실질임금 증가율(10.4%)이 생산성 증가율(9.7%)보다 0.7%p 높았으나 외환위기 이후(1997~2011년) 실질임금 증가율(3.5%)은 생산성 증가율(7.6%)보다 4.1%p 낮았다. 이는 노동자가 일하는 만큼 월급을 가져가지 못하고, 그 몫을 기업이 독차지하고 있음을 의미한다.

유발 하라리는 《21 Lessons for the 21st Century*21세기를 위한 21가지 교훈*》(2018)에서 기술적 변화를 말하면서 '불평등'에 대해 경고했다. 오늘날 1%의 최상층 부자가 전 세계 부의 절반을 차지하고 있고, 최상위 부자 100명이 합한 부가 전 세계 가난한 40억 명을 합한 부보다 더 많다는 사실을 지적한다. 그리고 2100년까지는 최상위 부자 1%가 전 세계 부의 대부분을 차지하는 것은 물론 전 세계의 아름다움·창의성·건강을 모두 차지할 것이라고 예측한다. 미래는 정보를 가진 자가 소유한다면서 글로벌화가 지구적인 통합보다는 결과적으로 인류가 다른 생물종의 계급제도나 다른 종으로 바뀔 것이라고 경고한다. 정보독점을 어떻게 규제할 것인가가 우리시대의 가장 중요한 정치적 문제가 될 것이라는 것이다.

노벨 경제학상을 수상한 미국의 조지프 스티글리츠는 《The Price of Inequality*불평등의 대가*》(2012)에서 2008년 세계 금융 위기 때 일어난 미국의 '월스트리트를 점령하라' 운동은 금융계를 넘어 미국 사회 전반의 불평등문제로 초점이 옮겨갔다고 지적했다. 세계 도처 사람들이 공감하는 사실은 첫째, 시장이 제대로 작동하지 않았고, 누가 보아도 효율적이지 않았다. 둘째, 정치 시스템은 시장의 실패를 바로잡지 못했다. 셋째, 현재 정치·경제 시스템은 근본적으로 공정하지 않다는 것이다.

스티글리츠는 이 문제 해결을 위해 정부가 해야 할 역할이 소득의 재분배라고 지적했다. 재분배를 비판하는 사람들은 세금인상이 생산자의 의욕을 꺾는 효과가 크다고 주장한다. 우파는 재분배를 통해 설사 불평등이 개선된다 하더라도, 성장이 둔화되고 GDP가 감소하는 결과가 따른다고 주장한다. 그러나 갈수록 심화하는 과도한 불평등을 그대로 둔다면 경제성장 역시 둔화되고 GDP가 감소할 뿐 아니라 불안정이 갈수록 심화된다. 게다가 우파는 함구하고 있지만 불평등의 또 다른 대가는 민주주의의 약화, 공정성과 정의 등의 가치 훼손, 국가적 정체성의 위기라고 그는 주장한다.

마케팅의 아버지라 불리는 필립 코틀러[Philip Kotler] 미 노스웨스턴대 켈로그경영대학원 석좌교수도 《Confronting Capitalism*자본주의 직면하기*》(2015)에서 '상위 1%의 소득이 하위 50%보다 더 많으면 이는 자본주의 자체에도 위협이 된다'며 자본주의 문제 중 가장 심각한 것이 소득 불평등 문제라고 지적한다. 코틀러는 부의 집중은 부유층이 투표 결과에 막대한 영향력을 행사하는 금권주의로 나타나 민주주의를 위협하기 때문에 문제라는 것이다. 그는 부유층 대상의 과세를 인상하고 실질적 경쟁 촉진을 위해 규제를 마련하지 않으면, 민주주의는 산산이 부서질 것이라고 경고한다.

이상의 지적은 2020년 11월 현재 대한민국에 적용을 해도 다르지 않다. 지금 우리 사회에 필요한 것은 '부익부 빈익빈' 현상을 바로 잡는 것, 즉 부자에게 합당한 세금을 물리는 것이다. 지금까지 최고소득세율 인상은 생산성 저하나 실업률 상승, 나아가 경기침체를 낳는다는 우파의 신자유주의적 경제이데올로기가 우리 사회를 지배해 왔지만, 미국이나 우리나라의 역사를 보면 이러한 생각이 잘못된 것임을 알 수 있다.

고소득층에게 증세를

미국의 최고소득세율은 루스벨트가 집권한 대공황기인 1932년부터 로널드 레이건이 집권한 1981년까지는 60% 이상을 유지했다. 우리나라도 박정희가 집권하던 1970년대 말까지 최고소득세율이 70%였다. 2013년 노벨경제학상 수상자인 로버트 실러 교수는 소득세율을 미리 규정된 불평등 척도에 연동시키자는 제안을 내놓기도 했다. 불평등이 심화하면 소득세율을 자동적으로 높이고, 완화되면 소득세를 낮추는 게 좋다는 것이다.

기획재정부가 지난 7월 22일 발표한 '2020년 세법개정안'에 따르면 소득세 최고세율이 2021년부터 3%p 인상돼 45%(과세표준 10억 초과)로 변경된다. 정부는 이번 소득세 인상으로 내년부터 과세표준 10억 원을 초과하는 1만 6000명이 증세 영향을 받고 세수는 연간 9000억 원 가량 수입이 늘어나는 효과가 나타날 것으로 보고 있다. 문재인 정부는 정부 출범 직후인 지난 2017년 7월, 2018년 적용 소득세 최고세율을 기존 40%에서 2%p 높여 42%로 끌어올린 바 있는데 이번이 문 정부의 두번째 소득세 인상인 셈이다. 이번 소득세율 인상에 따라 우리나라 명목 소득세율은 G7국가와 거의 동일해진다고 기획재정부는 밝히고 있다.

매일경제[13]를 비롯한 경제지는 소득세 최고세율 인상으로 고소득자의 소비와 대기업 투자가 위축되면 전체 경제에는 '마이너스효과'가 일어날 것이라며 경제계의 우려의 목소리를 전하고 있다. 정말 최고소득세율을 높이면 우리 경제에 마이너스로 작용할까?

2021년에 적용될 우리나라 소득세율을 보면 1200만 원 이하 6%, 4600만 원 이하 15%, 8800만 원 이하 24%, 1억 5000만 원 이하 35%, 3억 원 이하 38%, 5억 원 이하 40%, 5억~10억 원 42%, 10억 원 초과 45%다. 언론에 드러난 우리나라 최고소득자인 대기업 총수의 연봉은 수십억에서 수백억 원에 이르는 것으로 알려져 있다.

세계적인 '투자의 귀재' 워런 버핏 버크셔해서웨이 회장의 2019년 연봉이 38만여 달러(약 4억 원)인데 신동빈 롯데그룹 회장 연봉이 160억 원이었다. 아마존닷컴 창업자 제프 베이조스 회장은 총재산이 190조 원으로 세계 1위 부자이지만 연봉은 20년째 8만여 달러(약 1억 원)다. 페이스북의 저커버그를 비롯한 미국의 재벌총수는 지배주주로 사업 성공에 따른 주가 급등으로 보상을 받는 시스템인데 반해 국내 재벌총수들은 배당으로 수백 억~1000억 원을 받는 경우도 꽤 있다. 총수들의 경영성과와 보수를 연결 지어 연봉 규준을 제시할 필요가 있다는 지적이 나오는 이유다. 미국에서는 코로나시대에 비대면경제로 대박을 터뜨린 제프 베이조스(50조 원), 마크 저커버그(27조 원) 등에게 일회성 60% 세율로 돈을 거둬 국민보건에 쓰자는 버니 샌더즈 법안이 상정되기도 했다.[14]

　이런 점에서 볼 때 우리나라 세금제도는 10억 이상 1000억대 소득에 대한 그물망이 너무나 느슨하다. 전 세계 진보주의적 학자나 정치가들의 일관된 주장은 사회 불평등을 해소하기 위해서는 구간별 최고소득세율을 더 높여야 한다는 것이다. 미국도 대선을 앞두고 부자증세 논쟁이 뜨거웠다. 지난해 미국 민주당 코르테스 하원의원은 연 100만 달러(약 11억 2580만 원) 이상 고소득자에게 적용되는 최고소득세율을

70%로 올리자고 주장했다. 엘리자베스 워런 상원의원(민주당)은 자산에 세금을 매기는 부유세(5000만 달러 이상 자산에 2~3% 과세)를 들고 나왔다. 무소속 버니 샌더스 상원의원은 상속세율을 최고 77%까지 올리고 소득세율은 2개 구간을 더 신설해 최고 52%로 높이겠다고 공약했다.

코르테스 의원이 최고 소득세율 70%를 제시하게 된 데는 미국 경제학계의 이론적인 지원도 한몫하고 있다. 노벨경제학상 수상자인 피터 다이아몬드 매사추세츠공대 교수와 이매뉴얼 사에즈 UC버클리 교수는 최고소득세율을 (2011년 당시 최고 세율이었던) 42.5%에서 73%까지 끌어올릴 수 있다고 주장했다. 논문에서 두 사람은 '가구별 소득이 파레토 분포(파레토지수(a)=1.5)를 보인다고 여길 때, 대상자들이 조세회피로 대응하는 것(조세탄력성(e)=0.25)을 감안하더라도 73%까지 전체 세수가 늘어날 것'이라고 예상했다. 코르테스 의원은 70% 소득세율로 향후 10년간 7000억 달러(약 788조 원)의 추가 세수 확보가 가능하다고 밝혔다.

반면 미국 택스파운데이션Tax Foundation은 70% 소득세율을 도입해도 세수가 생각만큼 많이 늘지 않거나 오히려 감소할 수 있다는 보고서를 내놨다. 택스파운데이션은 일반소득에만 과세한다면 10년간 2917억 달러(약 328조 원)의 세수를 얻을 수 있겠지만, 자본소득에도 과세한다면 오히려 이익실현

을 회피하게 만들어 10년간 514억 달러(약 58조 원) 세수 증대에 그칠 것이라고 지적했다.[15]

영국 옥스퍼드대 사이먼 렌 루이스 교수는 '소득세 최고세율이 훨씬 높아야 하는 이유*Why top rates of income tax should be much higher*'(2019년 2월 6일)라는 글에서 "미국의 최고소득세율은 73%도 낮은 것이다. 그 이유는 CEO들이 기업개선보다 자신의 임금인상에 힘을 쓰게 만드는 부정적 인센티브 효과가 크기 때문"이라며 "부의 극한 집중은 경제력과 정치력의 극한 집중을 의미하기에 최고소득세율 인상이 가장 공정하고 가장 강력한 정책"이라고 강조했다.[16]

그러면 실제로 최고세율 인상과 경제성장률, 고용률과의 관계는 어떠할까? 미국의회예산처[CED]의 〈Taxes and the economy-An Economic Analysis of the top tax rates since 1945*세금과 경제-1945년 이후 최고세율에 대한 경제적 분석*〉이란 자료를 보면 세율의 변화와 경제성장률의 관계는 뚜렷하지 않다. 저축률과 투자율, 생산성 변화와 통계적 유의성은 없으나 분배와 세율 변화 사이에는 관계가 있는데 세율이 높을수록 경제 불평등은 시정됐다고 미국의회예산처는 분석했다. 세율변화가 성장률과 관계가 없다면 세율을 충분히 인상해 재정적자, 소득불균형을 해결하는 게 낫다는 게 이 보고서의 결론이다.

미 경제분석조세정책센터[BEATPC]의 〈Top tax rates and GDP

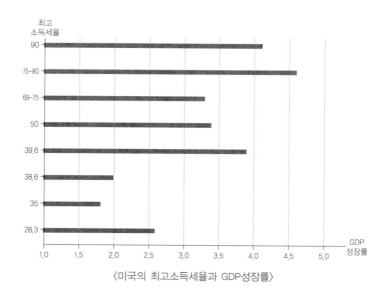

〈미국의 최고소득세율과 GDP성장률〉

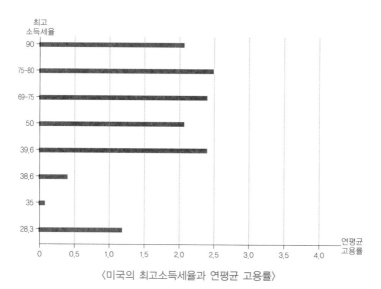

〈미국의 최고소득세율과 연평균 고용률〉

growth. 1950-2010*1950-2010년의 최고소득세율과 GDP성장률*〉 자료는 대체로 최고소득세율이 높을 때 GDP성장률과 고용성장률이 상대적으로 높다는 사실을 보여준다. 미국의 경우 최고소득세율과 GDP성장률은 각각 90% 이상일 때 4.1%, 75-80%일 때 4.6%, 69-75%일 때 3.3%, 50%일 때 3.4%, 39.6%일 때 3.9%, 38.6%일 때 2.0%, 35%일 때 1.7%, 28.3%일 때 2.6%였다. 또한 최고소득세율과 연평균 고용률의 관계는 각각 90% 이상일 때 2.1%, 75-80%일 때 2.5%, 69-75%일 때 2.4%, 50%일 때 2.1%, 39.6%일 때 2.4%, 38.6%일 때 0.4%, 35%일 때 0.1%, 28.3%일 때 1.2%였다.

우리 사회는 최고소득세 문제뿐만이 아니라 최저임금제, 성별 임금격차, 저소득층 가계부채, 부동산 불로소득 과세 문제 등 불평등 문제가 산적해 있다. 재난은 사회적 약자가 더 많은 피해를 입을 뿐더러 사회적 불평등 자체가 재난이다. '불평등 해소'는 정부의 명운을 걸어야 하는 책무임을 강조하고 싶다. 정확한 현실인식과 실천의지, 나아가 정책 실행과정의 디테일도 간과해선 안 된다. 재난은 우리 사회의 방향과 가치를 묻고 있다.

비대면 경제, 사회적 룰을 만들어라

'실업보험 신청건수 2637% 증가. 맨해튼 쓰레기 수거량 7% 감소. 보호견 입양 희망자 3000명. 오전 전기사용량 18% 감소. TV소음에 대한 불만 42% 증가. 지하철 승객수 90% 감소. 시내 범죄율 19.9% 감소. 가장 혼잡한 교량·터널 교통량 60% 감소. 자원봉사 등록자수 288% 증가. 푸드뱅크 37% 폐쇄. 뉴욕시 대기오염 25% 감소.'

미국 〈뉴욕타임스〉 2020년 4월 22일 자에 소개된 '11 Numbers That Show How the Coronavirus Has Changed N.Y.C.*코로나 19 이후 변화된 뉴욕을 보여주는 11가지 숫자*'라는 기사의 핵심이다. 재미있는 것은 교통량은 줄었지만 과속은 증가했고 가정폭력은 줄었으나 신고는 어려울 수도 있다고 덧붙여 놓았다. 미국 뉴욕 이야기지만 우리나라도 대도시의 경우 어느 정도는 비슷한 양상일 것이다.

팬데믹이 불러온 비대면 경제

코로나19 이후 '사회적 거리두기'나 '생활 속 거리두기'로 다양한 사회현상이 나타나고 있다. 그중 가장 두드러진 것이 '비대면 경제untact economy'의 활성화다. 비대면 경제란 정보통신기술의 발달, 전자상거래의 급증, 특히 최근 코로나19로 인해 대면접촉 없이 사회적·경제적 활동이 이루어지는 것을 말한다. 대표적인 것이 재택근무나 온라인쇼핑, 배달서비스, 드라이브스루, 온라인 수업, 앱을 통한 화상회의 등이다. 'untact economy'라는 말은 김난도 등이 펴낸 《트렌드 코리아 2018》(2017)에서 처음 소개된 신조어로 '비대면 경제'가 전 세계적으로 보편화된 말은 아니다. 해외 매체에서는 'non-contact비접촉' 또는 'zero-contact무접촉'란 용어가 사용되고 있는데 어쨌든 우리나라가 이 분야에서는 선도적인 셈이다.

아시아개발은행이 추산한 코로나19로 인한 세계경제 손

실규모는 최대 1경 818조 원에 이른다. 대부분이 사람 간 접촉과 직접 이동이 있어야 가능한 기존 경제활동 영역에서 발생한 것으로 분석된다. 3대 국제 신용평가사 중 하나인 무디스는 코로나가 디지털화를 촉진할 강력한 촉매제가 될 것이라고 내다봤다.[17]

코로나19 이후 우리나라의 비대면 경제는 급격히 성장하고 있다. 산업통상자원부의 2020년 3월 주요 유통업체 매출동향에서 주요 오프라인과 온라인 유통업체 매출 비중은 50% 대 50%로 동률을 이뤘다. 그동안 오프라인이 6 대 4 정도의 강세를 유지해 왔지만 처음으로 온라인에 따라잡힌 것이다. 구체적으로 온라인 유통이 50%, 대형마트는 17.9%, 백화점은 11.2%, 편의점 16.2%, 기업형 슈퍼마켓 4.6%다.[18]

'사회적 거리두기'로 식음료 등 생필품 수요는 늘었지만 의류·고가품의 소비는 큰 타격을 입었다. 백화점과 면세점 매출이 급감했다. 초중고·대학은 온라인수업을 실시하고 이에 따른 온라인 사교육 시장도 늘어났다. 이와 함께 전염병 예방과 방역에 AI가 중추적인 역할을 담당하고, 코로나19 치료법 개발에도 AI가 활용되고 있다. AI 개발에 특화된 구글 자회사 딥마인드는 의료용 AI 알파폴드를 활용해 코로나바이러스 단백질 구조를 분석 중이다.[19] 전 세계 물류 로봇 시장은 2018년 36억 5000만 달러에서 2022년 224억 달러

로 성장할 것으로 전망된다.[20]

이제 코로나19로 인해 직업 선호도도 달라질 것이다. 〈뉴욕타임스〉는 2020년 3월 15일 '코로나19 직업별 감염리스크 *The Workers Who Face the Greatest Coronavirus Risk*'라는 기획기사에서 약 1000개 직업의 코로나19 관련 리스크 정도를 분석해 놓았다. 해당 직업의 취업인구, 수입, 감염위험 노출 정도, 사람과 접촉횟수, 근접 수준 등의 데이터베이스로 분석해 0~100점으로 정리했는데 100점으로 갈수록 고위험군이다.

그 결과 리스크와 직업군을 살펴보면 '리스크가 높은 직업(치과위생사·치과의사·호흡기치료사·방사선기술자·외과전문의·물리치료사 등)' '리스크가 약간 높은 직업(승무원·버스기사·유치원초등교사·소방관·미용사·교도관·약사 등)' '리스크가 다소 낮은 직업(식당 종사자·접수안내원·택배기사·사무원·택시기사·파일럿·건설노동자·환경미화원 등)' '리스크가 낮은 직업(재무분석가·마케팅전문가·건축가·그래픽디자이너·컴퓨터엔지니어·화가·경제학자 등)'으로 크게 나뉜다. 리스크 점수는 치과위생사 99.7, 치과의사 92.1, 승무원 75.6, 식당종사자 45.5, 재무분석가 19.3으로 나타났다.

직업과 감염 리스크는 '사회적 거리두기' 차원에서 '재택근무' 가능 여부와 관련이 있다. 그런데 미국의 경우 재택근무가 가능한 사람이 29% 정도이고 나머지 71%는 불확실

한 상황이라고 한다. 〈뉴욕타임스〉는 재택근무가 가능한 일
은 미국의 고소득자들을 위한 것이 대부분이며, 가정에서
작업할 수 있는 비율은 상위 25%의 경우 61.5%인데 비해 하
위 25%는 9.2%에 불과했다고 전한다. 재택근무가 불가능한
경우 기존의 재정적 어려움에다 건강상 위험 증가에 직면하
는 등 소득이 낮을수록 더 많은 피해를 보고 있음을 경고하
고 있다.

비대면, 혁신으로 대처하라

이러한 점에서 '비대면 경제' '비대면 사회'에 대한 면밀
한 연구와 함께 '인간의 얼굴을 한 기술'이라는 오랜 화두를
놓치지 않아야 한다.

첫째, 비대면 경제도 사회적 불평등을 반영하기에 이에
대한 정부의 세심한 정책적 배려가 있어야 한다. 비대면 경
제로 대면경제 매출이 급격하게 줄어들었다. 특히 중소상
공인 · 자영업자들을 보호하기 위한 자금지원과 세금감면이
절실하다. 반면 독과점적 대형 온라인쇼핑에 대한 적정한
과세 부과체계 정비가 필요하다. 이참에 '지자체 재고농산
물 헐값으로 팔아주기'를 일회성 캠페인이 아니라 광역지자

체 차원에서 지역농산물판매 공공온라인쇼핑몰 개설도 고려할 만하다. 그리고 온라인쇼핑 관련 소비자보호 가이드라인을 명확히 하고, 관련 택배종사자의 교육과 안전 및 복지 향상을 위한 특단의 조치가 필요하다. 온라인쇼핑의 편리성을 보장하면서도 개인정보 보호를 강화하는 입법이 절실하다. 최근 미국 경제전문지 〈포브스〉는 '비접촉 의사소통 확대' '디지털 인프라 강화' '사물인터넷 및 빅데이터 활용 모니터링' 'AI 기반 신약 개발' '원격의료' '온라인쇼핑' '로봇 의존도 증가' 'e-스포츠 부상' '디지털 이벤트 증가' 등 비대면 경제가 이끌고 올 9대 과제를 선정했다. 그중 가장 각광받는 분야는 온라인쇼핑이다.[21] 이런 점에서 원격기술과 관련 라이선스, 데이터 및 사이버보안 등의 문제를 종합적으로 다루고, 5G 통신망, 인터넷, IT기기 등 비대면 경제의 사회적 인프라 구축 과정에 중소상공인·자영업자 등이 소외되지 않도록 하는 게 중요하다.

둘째, 비대면 경제의 활성화를 위해서는 '이노베이션^{혁신}'을 존중해야 한다. 미국 경제학자 윌리엄 J. 보몰은 《The Microtheory of Innovative Entrepreneurship ^{혁신적 기업가의 마이크로이론}》(2010)에서 '경제적 성장은 새로운 아이디어를 낳고, 실현시킴으로써 달성된다'며 '성장의 저해요인인 시장의 실패를 극복하는 방법으로 기업가의 이노베이션에 관심을 가져야 한다'고 강조한다. 보몰은 새로운 사업을 창조하는 '혁신기업가'가 경제의 혁명적 성장을 일으킨다며 혁신기업가는 발명된 아이디어나 제품을 일반인들이 쉽게 이용할 수 있도록 전환하는 일을 한다고 말한다. 그는 기업가정신은 토지, 노동력, 자본에 이은 '제4의 생산요소'라며, 정부 차원에서도 중소기업이 만들어내는 이노베이션을 존중해야 한다고 강조한다. 특히 소유권, 계약이행의 강제, 특허권 보호, 그리고 새로운 기업의 설립을 방해하지 않는 법률 제정, 기초연구 자금제공 등이 절실하다는 것이다.

일본에서는 코로나19 이후 비대면 경제와 관련된 책들이 제법 나오고 있는데 이 중 닛케이BP무크지 〈アフターコロナ見えてきた7つのメガトレンド 코로나 이후 보아온 7가지 메가트렌드〉(2020년 6월)의 핵심은 코로나 위기가 수습된다고 해도 이미 세계는 원래대로 되돌아가지 않는다는 것이다. 따라서 앞으로는 '감염으로 이어지지 않는 여행' '코칭으로서의 교사의 역할' '정부 감시를 피하면서 대다수가 합의할 수 있는 데이터 활용문제' 등에 대한 관심이 늘어날 것이라고 강조한다. 주거방식이나 근무형태도 '분산형 도시' '직주융합' '감염경로 추적 앱' '접촉을 피하는 기술 콘택트 리스텍' '온라인과 오프라인을 자유롭게 오가는 뉴리얼리티' '디지털 렌딩(비대면 대출)' '단순화를 통해 중저가품을 생산·공급하

는 알뜰형 이노베이션frugal innovation 등을 고려할 필요가 있다는 것이다.

셋째, 재택근무에 따른 새로운 근무규칙 제정이 필요하다. 특히 젊은층은 집에서 아이들과 함께 하기에 주거공간과 업무공간이 적절히 분리돼야 하며, 이에 따라 오전 9시~오후 6시의 틀에 짜인 근무시간의 변경 등 탄력적인 근무규칙 적용이 필요하다. 이와 관련해 근로기준법의 개정 보완도 필요하다. 코로나시대에 요구되는 진정한 재택근무방식은 회사업무와 더불어 사생활이 보장되는 '워라벨'을 존중하는 준칙을 노사합의를 통해 만들어가야 한다.

넷째, 이와 함께 비대면 경제의 근간을 흔드는 '가짜정보의 난무'와 '비대면 사기행각'을 제도적으로 철저히 막아야 한다. 비대면 경제와 관련된 각종 범죄행위에 대해서는 강력한 처벌이 따라야 한다. 특히 민법의 사회질서·선량한 풍속에 위반한 온라인상술에 대한 엄격한 규제가 시급하다.

다섯째, 비대면 사회와 관련해 기존의 학교교육이 바뀌어야 한다. 비대면 수업 전환이라는 교육방식의 변화를 넘어서 교육내용의 근본적 변화가 절실하다. 코로나19와 같은 재난이 왜 오게 됐는지, 앞으로는 어떤 사회가 될 것인지, 가정이나 일, 지자체, 국가의 존재 이유가 무엇인지 등 철학적

물음을 묻고 답하는 새로운 학습훈련이 이뤄져야 한다. 지금까지의 교육이 정답을 찾는 수렴적 접근방식에 치중했다면 이제부터는 정답이 없는 문제를 해결해 나갈 수 있는 '발산적 사고'를 키우는 데 중점을 두어야 한다. 지식교육, 입시위주의 교육에서 과감히 탈피해 지속가능성, 창의성을 중심으로 한 미래지향적 교육으로 탈바꿈해야 한다.

비대면 경제, 비대면 사회가 현실로 다가왔다. 제4차 산업혁명도 이미 진행되고 있다. 비대면 경제는 무엇보다 정부와 기업가 · 시민과의 부단한 '이노베이션'과 '커뮤니케이션'을 요구하고 있다.

05

저성장 · 마이너스성장에 대처하라

코로나19 이후 국내외 경제 관련 기관은 대체로 우리나라의 2020년 경제성장률을 −1~−2%로 전망한다. 그래도 다른 선진국에 비해 나은 편이다. 경제협력개발기구는 지난 9월, 2020년 우리나라 경제성장률 전망치를 −1%로 조정했다. 앞서 6월 전망 때는 −1.2%, 8월 전망에서는 −0.8%로 올렸다가 한 달 만에 다시 전망치를 내렸다. 2020년 세계 경제성장률 전망은 지난 6월 −6%보다 올라간 −4.5%다. 코로나19 확산이 심화될 경우 내년 세계 경제성장률이 2~3%p 더 하락할 수 있다고 경고했다.[22] 한국경제연구원은 2020년 우리나라 경제성장률이 −2.3%를 기록할 것으로 전망했는데 이는

국제통화기금 외환위기 이후 최저치다.[23]

　반면에 국회예산정책처는 '2021년 및 중기 경제 전망' 보고서에서 올해 −1.6%를 기록한 국내 경제성장률이 2021년에는 2.3% 수준으로 반등할 것이라고 분석했다. 향후 5년간(2020~24년) 우리 경제의 잠재성장률은 이전 5년간(2015~19년)과 비교해 봤을 때 0.6%p 하락한 연평균 2.0% 수준으로 추정했다.[24]

　코로나19와 상관없이도, 이미 우리나라를 비롯한 전 세계 경제는 저성장·마이너스성장시대로 접어들었다. 설령 코로나19를 극복한다고 해도 예전과 같은 성장률을 기대하기 어렵게 됐다. 따라서 경제성장률에 매달리는 '성장숭배'에서 벗어나 정치사회적으로 새로운 대안 찾기에 나서야 하며, 저성장·마이너스성장에 적응하기 위해 우리의 인식과 생활양식, 나아가 제도를 개혁하는 것이 시대의 과제가 되고 있다.

　또 이근영은 《한국경제 어디에서 어디로?》(2018)에서 우리나라의 경제성장률이 한국은행이 국민계정 통계를 작성하기 시작한 1954부터 2016년까지 63년 동안 연평균 7.2%로 세계 평균 경제성장률의 배에 이르는 세계 최고의 고성장을 기록했다고 분석한다. 우리나라 경제성장률은 1980년대 8.8%, 1990년대 7.1%, 2000년대 4.7%, 2010년대에는 3.5%로 낮아졌다. 소득분배 불평등의 간접지표인 지니계수를 보면 우리나라 도시 2인 이상 가구의 경우로 볼 때 1995년에는 가장 낮은 0.26을 보였다가 외환위기를 겪은 1998년에 0.29로 불평등이 심화되고 있다. 2019년 우리나라 지니계수는 0.35로 소득분배의 불평등이 심각함을 여실히 보여준다.

성장숭배에서 벗어나라

이러한 경제성장률 저하와 소득분배 불평등 확대에 대해 어떻게 대처해야 좋을까?

미국의 저널리스트 리처드 하인버그는 《The End of Growth *성장의 종말*》(2011)에서 '성장은 더 이상 정상이 아니다. 왜냐하면 지금의 성장은 대부분 비경제적 성장이기 때문'이라고 말한다. 그러나 '성장이 끝나도 삶은 시작된다'며 '미래세대가 삶을 경험할 일말의 기회라도 누리게 해 주려면 화폐와 금융의 장벽을 치워 주거나 적어도 그 영향을 최소화해야 한다. 지구의 환경 한계와 충돌하지 않도록 지속가능성 쪽으로 방향을 틀어야 한다. 우리가 안다고 생각하는 것에 의문을 품고, 안락한 삶을 포기하고, 힘겨운 노력을 감수해야 한다'고 강조한다.

프랑스의 경제학자 세르주 라투슈는 《성장하지 않아도 우리는 행복할까?-세상을 바꾸는 탈성장에 관한 소론》(2015)에서 '명료한 탈성장의 선순환'을 위해서 다음의 8가지 R의 선순환을 강조했다. 재평가reevaluate, 재개념화reconceptualize, 재구조화recstructure, 재분배redistribute, 재지역화relocalize, 감축reduce, 재사용reutilize, 재생recycle이 그것이다.

C. 더글러스 러미스는 《경제성장이 안되면 우리는 풍요롭지 못할 것인가》(2002)에서 '역사적으로 경제성장에 대한 광기는 빈부격차를 줄이는 것이 아니라 오히려 심화시켰다. 경제성장을 통한 풍요는 허구'라며 '대안으로 물건을 조금씩 줄여가며 최소한의 것만으로도 별 탈 없이 살 수 있는 인간이 되는 것'이라고 강조한다. 경제발전이란 자급자족사회에서 별 문제 없이 살고 있는 사람들을 자본주의 체제에 편입시켜 노동자와 소비자로 만드는 과정일 뿐이며, 진정한 진보는 물질의 성장이 아니라 인간과 사회 문화의 진보라고 강조했다. 현대 시장경제체제가 필요한 최소한의 욕구want를 충족시키는 것이 아니라 끝없는 욕망desire을 부추긴다는 사실을 지적하고 이에 대한 성찰이 우선되어야 한다는 것이다.

이 점에서 우리는 영국 로버트 스키델스키·에드워드 스키델스키 부자의 《How much is enough?얼마나 있어야 충분한가?》

(2012)에 주목할 필요가 있다. 스키델스키 부자는 '우리는 자원이 부족하기 때문이 아니라 욕구가 지나치게 많기 때문에 결핍에 빠질 운명에 처했다'며 '무엇보다 기본재basic goods의 생산·분배를 중시해야 한다'고 강조한다. 이들 부자가 제시한 기본재 7가지는 '건강' '안전' '존중' '개성' '자연과의 조화' '우정' '여가'다. 이들 기본재는 그 자체가 바로 좋은 삶이며, 기본재의 확충이야말로 정치적 행동이 지향해야 할 현실적 목표여야 한다는 것이다. 이들은 기본재 실현을 위한 사회정책으로 '모든 사람의 기본적 필요를 충족시키는 재화와 서비스 생산의 경제조직 갖추기' 'GDP가 아닌 국민총행복지수GHI를 중시하는 사회적 인식 전환 이끌어내기' '일하라는 압력 줄이기' '조건 없이 지급되는 기본소득 실현하기' '소비 압력 줄이기' '광고 줄이기' '수출성장모델 포기하기' '국가가 윤리적 소비자 역할하기'를 제안했다.

전 세계적으로 탈성장사회로 가는 여러 징후로 노동과 소득, 소비를 줄이는 '축소이행downshifting'이 나타나고 있다. 미국 사회학자 줄리엣 쇼어Juliet Schor는 《The Overspent American 과소비하는 미국인》(1998)에서 설문조사 결과 미국 성인의 19%가 최근 5년 동안 소득 감소를 감수하고 새로운 삶을 선택하는 자발적인 결정을 내렸다고 밝혔다. 호주에서 이뤄진 유사한 조사에서는 30~60세 연령층 인구 가운데 23%가 축소이행을 실행한 것으로 나타났다. 선택 이유로 '균형적이고 통제가 능한 삶에 대한 욕구' '가족과 보낼 시간' '자기실현을 위한 배려' 등을 들었다.

호주의 진보 경제학자인 클라이브 해밀턴Clive Hamilton은 《Growth Fetish 성장숭배》(2003)에서 이러한 삶의 전환이 가능하려면 '축소이행의 정치'가 필요하다고 강조한다. 축소이행의 정치는 시장의 요구에 굴복하지 않고 사회와 개인에 걸친 삶의 질을 증진시키려는 기본성향을 대중문화와 공공·민간기관, 최종적으로는 정부 내부에 확립하는 것이다. 해밀턴은 축소이행 정치의 내용으로 '노동시간 단축' '마케팅 규제' 'GDP 대신 대안지표 개발하기' '소득 아닌 풍요로운 삶 지향의 교육에 대한 공적 투자 확대' '기본소득 지급, 사치세·투기세·상속세·생태환경세 등의 세제개혁' '생태디자인·산업생태학 원리의 전 산업분야 적용' 등을 들었다.

해밀턴은 특히 탈성장사회에 대한 반론을 극복해야 한다고 역설한다. 첫째, '경제성장 없이는 자본주의가 붕괴하고, 대혼란이 벌어질 것이라는 주장'에 대해 현재 저성장은 일반적 현상이며, 이를 통해 가족과 공동체, 자연환경의 희생에 대한 성찰의 계기로 삼아야 한다. 둘째, '세계화라는 대세, 성장논리는 어느 나라도 피할 수 없을 것이라는 주장'에 대해서는 일본 사례를 들며 장기간 제로성장에 머물더라도 경제 붕괴나 세계경제로부터의 고립, 사회 해체나 문화 쇠락은 일어나지 않는다. 셋째, '경제성장률이 극대화되지 않으면 실업이 만성화될 것이라는 주장'에 대해 생태적 조세개혁을 통해 천연자원·자본의 절감, 노동활용 확대의 생산방식이 가능하다. 넷째, '돈을 벌어야 한다는 강박관념이 사라지면 인간의 성취욕을 자극할 동기가 사라진다는 주장'에 대해 경제성장이 둔화된다고 해서 인간의 창의력이 시들해질 이유가 없으며, 공공·민간부문의 우선과제에서 '성장을 후순위로 배치'하게 되면 권력구조가 변해 그 결과로 평등 사회를 얻을 수 있다. 따라서 해밀턴은 탈성장사회의 핵심목표는 소득의 증대가 아니라 사람들이 인간적인 보람을 느끼고 자기를 실현할 수 있는 기회를 만들어 가는 것이라고 강조했다.

영국의 생태경제학자인 팀 잭슨^{Tim Jackson}은 《Prosperity without Growth^{성장 없는 번영}》(2009)에서 지속가능한 경제로의 이행을 위해서는 한계 설정하기, 경제모델 고치기, 사회논리 변화시키기를 강조한다. 한계 설정하기는 '자연이용 및 배출 한도의 설정' '지속가능성을 위한 재정개혁' '개도국의 생태적 이행에 대한 지원'을, 경제모델 고치기로는 '생태거시경제학 개발하기' '금융 및 재정 건전성 높이기' '국민계정 개선하기'를, 사회논리 변화시키기로는 '노동시간 정책

개선' '구조적 불평등 없애기' '사회적 자본 강화하기' '소비
문화 해체하기' 등을 든다.

　세계는 급변하고 있다. 지난 9월 22일 중국 시진핑 주석
이 유엔총회 연설에서 '2030년 탄소배출 피크 · 2060년 이전
탄소중립 달성'을 선언했다.[25] 독일 연방내각은 9월 23일 재
생에너지법 개정안을 통과시키고, 2030년 재생에너지 전력
비중 목표를 65%, 2050 이전 전력 생산 · 소비에서 온실가스
중립을 목표로 확정했다.[26] 유럽연합EU은 2023년 1월 탄소국
경세를 시행할 예정이다.[27] 우리나라 국회도 9월 24일 기후
변화를 '기후위기'로 공식 규정하고, 정부에 2030년 온실가
스 감축목표 상향을 촉구하는 기후위기 대응촉구 결의안을
내고 2050년 온실가스 넷제로 목표를 제시했다.[28] KB금융은
9월 27일 국내 금융그룹 최초로 '탈석탄 금융'을 선언했다.[29]
문재인 대통령도 10월 28일 국회연설에서 '2050년 탄소중립
(넷제로)'을 선언했다.[30]

　녹색당 공동운영위원장인 하승수는 《배를 돌려라−대한
민국 대전환》(2019)에서 '자율선택 기본소득' '기본주거' '기
본농지 · 농사 · 먹거리'의 세 가지 기본을 보장하고, 공생 ·
공유 · 공정의 가치실현 사회를 위해서 '탈성장' '탈지대地
代' '탈화석연료 · 탈핵' '탈토건' '탈집중' '탈경쟁교육' '탈차
별 · 혐오'의 7가지 잘못된 흐름에서 당장 벗어나자고 주장

한다. 이러한 '대한민국 대전환'의 기본은 바로 국가체제의 '녹색전환'에 있음을 알 수 있다.

이정전 서울대 명예교수는《초연결사회와 보통사람의 시대》(2019)에서 전통적 자본주의와 달리 대중기반 자본주의는 인터넷에 의한 네트워크를 기반으로 한 경제로 집중보다는 분산, 수직적 위계보다는 수평적 참여, 대규모 활동보다는 소규모 활동을 지향하는 경향이 강하다고 강조했다. 현재 우리의 사고방식과 과거로부터 물려받은 제도가 새로운 길의 개척에 큰 걸림돌이 되고 있음을 솔직히 인정하는 것이 대안의 첫걸음이라고 말한다.

이상에서 살펴본 것처럼 저성장·마이너스성장시대에 대처하기 위해서는 경제의 녹색화, 녹색경제의 실현이 필요하다. 경제의 녹색화를 위해서는 크게 인식과 생활양식, 그리고 제도의 개혁이 절실하다. 기존의 성장중심의 신자유주의적 경제학에서 하루빨리 벗어나야 한다. 물질적 성장은 기본재 제공에 충실해야 하고, 우리 시민들도 성장숭배에서 벗어나 자신의 개성적인 삶을 살아가야 하며, 정부나 지자체도 이러한 개인의 삶과 공동체를 지원하는 조직으로 거듭나야 한다. 재화와 서비스의 생산분배는 효율성을 넘어 지속가능성, 불평등 해소 등 사회적 가치에 따라 이뤄져야 하고, 이러한 사회적 가치를 통해 정치경제제도도 혁신

되어야 한다. 녹색마인드, 즉 자연친화의식과 더불어 친환
경 생활양식을 실천해야 한다. 에너지전환·환경교육의 강
화, 인센티브와 패널티를 바탕으로 한 효과적인 정책 시행,
국민과의 끝없는 소통이 절실하다. 코로나시대를 맞아 우리
에게 절박한 것은 문명사적 대전환, 즉 의식혁명과 제도혁
신이다.

제4부

기후위기 대응

"미래세대를 위해 1.5℃를 지켜라"

01

안전신화로는 미래가 없다

지난 4월 21대 총선일을 불과 닷새 앞두고 친원전 진영이 '월성1호기 폐쇄 결정' 무효소송을 제기하고, 제1야당은 '원전부활 정책'을 공약으로 내놓는 등 탈원전 반대의 목소리를 높였다. 보수언론도 탈원전 반대 기사를 쏟아내고 있는데, 일부 기사는 왜곡보도로 언론중재를 거쳐 '정정보도'나 '반론보도'가 잇따랐다. 문제는 친원전 진영의 이같은 '탈원전 반대'가 후쿠시마원전사고 이전의 '원전안전신화'에 기초를 두고 있어 후쿠시마원전사고 이후 달라진 세계적인 탈원전에너지전환 흐름에 역행하고, 나아가 미래의 복합재난에 대한 국민적 대처를 어렵게 할 수 있다는 점이다.

안전신화의 허상

원자력정책연대를 비롯한 원자력 업계 관계자들과 '한반도 인권과 통일을 위한 변호사 모임^{한변}'은 지난 4월 10일 한수원을 상대로 월성1호기 조기폐쇄 및 천지1·2호기, 대진 1·2호기 원전 사업종결 결의의 무효 확인을 구하는 소를 제기했다. 이 소송의 핵심은 한수원 이사회가 왜곡된 통계를 근거로 경제성이 없다며 월성1호기의 조기폐쇄를 결의한 것이 배임행위에 해당한다는 것이다. 지난해 9월 야당 요구에 여당이 협조해 국회 차원에서 월성1호기 조기폐쇄 결정에 대한 감사원 감사 요구안을 의결해 감사원의 감사가 진행됐으나 결과 발표 직전까지 논란이 계속됐다. 한편 한수원 노조와 한변이 2018년 한수원 이사회를 상대로 같은 취지의 고소·고발을 했으나 2019년 상반기 경찰·검찰에서 내용이 성립되지 않는다고 모두 각하된 바 있다.

친원전 진영의 '멀쩡한 월성1호기 폐로' 주장은 사실에 근거한 것일까? 과연 한수원이 문재인 정부 들어서 멀쩡한 원전을 이유 없이 폐로했을까? 또 다른 차원이지만 지난 4월 6일 제1야당의 특정 후보가 세월호와 관련해 다시 막말을 쏟아냈다. 당시 여당 의원으로 세월호사고의 원인 규명이나 구조실패에 대한 반성과 성찰은커녕 피해 가족과 국민의 가

슴에 못질하는 심리의 저변엔 무엇이 있을까? 생각건대 이들은 원전사고나 세월호사고 같은 것은 일어날 수 없고, 설령 일어나더라도 자기 가족에게는 절대 일어나지 않는 '남의 일'이라는 사고를 갖고 있는 것 아닐까.

미국의 사회학자 C. 라이트 밀스는 1959년 《Sociological Imagination*사회학적 상상력*》이란 책에서 자신이 경험하지 않더라도 간접적인 방법으로 사회구조를 상상(통찰)함으로써, 문제의 원인을 알아내고 해결방안을 찾을 수 있다고 강조했다. 이는 어떤 사회문제를 자기 자신과 관련된 문제로 인식하고 성찰해 상황을 분석함으로써 스스로 문제해결에 참여할 수 있음을 의미한다. '탈원전 반대'나 '세월호 막말'은 재난에 있어 사회학적 상상력의 빈곤에서 나온 결과일 수밖에 없다.

지금 코로나19 사태로 전 세계가 대재난의 한가운데 있으나 동시에 다른 대재난이나 향후 이와 비슷한 재난이 언제든지 닥칠 우려가 높다. 이재은 등의 《재난관리론》(2006)에 나오는 위기와 재난의 종류는 정말 다양하다. 정치체계와 관련된 것으로는 '전쟁' '무력시위' '쿠데타' '테러 및 파괴활동' '비행기 납치' 등이, 경제기술체계로는 '위험물질 유출' '해양·수질·대기오염' '오존층 파괴' '방사능 오염' '산성비' '일반 및 핵폐기물 매립' '구조물 붕괴' '폭발' 등이 있다. 사회문화체계로는 '인종 · 민족 · 지역 간 폭력적 갈등' '전염병 · 괴질의 출현' '폭력적 파업' '폭동' 등이, 자연체계로는 '홍수' '태풍' '지진' '가뭄' '폭염' '냉해' '한해' '우박' '해일' '화산폭발' 등 다양하다. 이러한 것 또한 복합재난으로 나타날 수도 있다.

자연재난, 인위재난, 사회재난의 형태로 나타나는 이들 위기 · 재난의 특징은 그 돌발적 성격으로 인해 사회 제반 가치와 규범 · 문화 · 관계들을 변화시키며 개인, 가정, 기업, 국가 전반에 이르는 총체적 난국을 가져온다. 무엇보다 재난은 반복적으로 발생하며 언제, 어디서 어떻게 발생할지 예측할 수 없다는 것인데, 지금 코로나19라는 대재난을 맞아 이러한 위기를 전 세계가 피부로 느끼고 있다.

제21대 국회의원 총선 투표일 다음날인 지난 4월 16일은 세월호사고 6주년, 4월 26일은 옛 소련의 체르노빌원전사고 34주년이 되는 날이었다. 오늘날 정부는 국민의 생명과 재산 보호가 가장 큰 책무이기에 '위기관리의 일상화'가 필요하다. 따라서 우리는 지금 겪고 있는 코로나19 극복에 적극 나섬과 동시에 후쿠시마원전사고와 세월호사고, 메르스 사태 등 과거 재난을 되돌아보면서 미래 위기에 대한 인식과 위기관리의 적정성에 대한 성찰이 필요하다.

'절대 일어날 수 없는 일'은 없다

후쿠시마원전사고와 세월호 참사 이래 안전을 보는 국민의 시각이 많이 달라졌다. 이러한 달라진 국민의 안전의식이 고리1호기·월성1호기를 폐로하고 새 정부가 점진적 탈원전에너지전환 정책을 수립하는 밑바탕이 됐다. 지금 코로나19 사태에 '사회적 거리두기'를 강조하는 것과 마찬가지로 우리 국민들이 '원전사고에 대한 사회적 거리두기'를 한 것이 이들 노후원전·불신원전을 폐로 조치한 것이다.

원전의 안전성에 관해서는 소위 '베크^{Beck}의 법칙'이란 것이 있다. 1965년 미국의 베크 박사가 과거 21년간 미국 원전 246기의 원전 사고·고장 기록을 분석해 발표한 논문의 결론이다. 원전사고의 경우 예상치 못한 때, 예상치 못한 원인으로 일어나며, 예상치 못한 결과를 낳는다는 것이다. 그런데 탈원전 학자인 오쿠노 고야 전 교토대 공학부 교수가 2011년 9월 도쿄 강연에서 밝혔듯이 원전추진파들은 철저히 베크의 법칙을 무시해 왔다. 그들은 그러한 사고가 일어날 리 없으며, 사고가 나면 안전장치가 작동하지 않을 리 없다는 것이다. 우리나라 친원전 진영의 논리 역시 다르지 않다.

후쿠시마원전사고 정부조사위원장을 맡았던 하타무라 요

타로^{畑村洋太郎} 도쿄대 명예교수가 펴낸 《福島原発事故はなぜ
起ったか_{후쿠시마원전사고는 왜 일어났나}》(2015)는 우리 시대 안전불감
증에 대한 경고이며, '제2의 후쿠시마 참사'를 방지하기 위
한 대안서기도 하다. 이 책 말미에는 원전사고가 일어나지
않기 위한 마인드 7가지를 강조했다. 있을 수 있는 일은 반
드시 일어나고, 있을 수 없는 일도 일어난다는 사실을 잊어
선 안 된다. 틀을 만들어 놓는 것만으로는 기능하지 않는다.
그 목적을 공유해야 한다. 위험에 바로 맞서 논의 가능한 문
화를 만들어야 한다는 것 등이다.

2007년 도쿄전력 연구팀이 국제회의에서 후쿠시마원전에
9m 이상의 쓰나미가 올 확률이 약 1%, 13m 이상의 대쓰나
미가 올 확률이 0.1%라고 발표했다. 하지만 도쿄전력은 이
에 대비하지 않았고, 최악의 사태에도 절대로 방사성물질
이 외부로 누출되지 않는 '5중벽'이 있다고 공언했으나 결국
대참사를 당했다. 과연 우리나라에서 대형 원전사고는 '절
대 있을 수 없는 기우'일까? 또 월성1호기 폐쇄 결정에 '정
치적 공격'을 해대는 원전추진파들이 말하는 경제성이란 도
대체 무엇일까?

월성1호기는 폐로 직전에 다른 국내 원전 평균 발전원가
보다 2배 가까이 높았고, 잦은 고장으로 안전점검이 필요해
사실상 장기가동을 하지 못했다. 후쿠시마사고 이후 엄격한

국제기준으로 추가비용이 계속 들고, 중수로 원전이기에 사용후핵연료 발생량이 다른 원전보다 4~5배나 더 높았다. 이처럼 30년 설계수명연한을 훨씬 넘긴 월성1호기의 안전성을 무시하고 멋대로 7000억 원을 들여 수명을 연장했으며, 각종 원전비리는 제대로 감시하지 못했다. 이러한 것들이 사회문제가 됐을 때 친원전 학자들은 단 한 번도 사전경고나 자기반성 결의를 사회에 보인 적이 없다. 그런데도 월성1호기가 멀쩡한 원전이라면서 폐로 결정이 잘못된 것이라니, 후쿠시마원전사고 이후 친원전 아베 정부조차도 '멀쩡한 일본 원전 40여기'를 폐로 또는 9년 이상 가동을 중지하고 있는 일본의 현 상황에 대해서는 무어라 말할 것인가?

월성1호기 폐로 결정은 결단코 정부의 일방적인 정책 결정이 아니었다. 많은 지역주민·환경시민단체의 노력과 대다수 국민 공감의 결과다. 필자도 고리1호기 폐쇄를 위해 2014년 11월부터 2015년 6월 폐로되기까지 매주 토요일 30차례에 걸쳐 '고리1호기 폐쇄를 위한 시민행진'을 했다. 마침내 박근혜 정부때 고리1호기 폐쇄 결정이 났고, 그 뒤 환경시민단체의 월성1호기 수명연장 허가 무효 국민소송이 제기돼 승소판결을 받았으며, 이를 원자력안전위원회가 뒤늦게 승인한 것이다. 이 모든 노력들이 그들 원전추진파에게는 원전 가동의 걸림돌로밖에 보이지 않는 것일까?

'원자력은 절대 안전하고 값싼 에너지다'라는 말의 허구
는 체르노빌과 후쿠시마가 증명하고 있다. 친원전 진영이
말하는 경제성이란 정말 국민의 안전과 국익에 합당한 말
일까?

우리나라도 2016년 경주지진(규모 5.8), 2017년 포항지진
(규모 5.4)으로 유례없던 강진이 일어났고, 향후 대규모 지진
이 발생하지 않는다는 보장이 없다. 친원전 학자들은 노후
원전이 재연장됨으로써 생기는 경제적 편익만 생각했지 이
로 인해 발생할지도 모를 대규모 재난의 사회적 비용은 염
두에 두지 않는 것 같다.

후쿠시마원전사고 당시 일본은 방사능예측장비인 'SPEE-
DI스피디'가 있었지만 정보를 제때 국민에게 제공하지 않았
다. 세월호 참사 때 해경이 있었지만 현장 구조에 적극 나
서지 않았고, 진도VTS(해상교통관제센터)가 있었지만 기능을
하지 않았다. 이번 코로나19 사태에서 질병관리본부가 톡톡
히 그 역할을 해낸 데 힘입어 지난 9월 질병관리청으로 승격
됐다. 정은경 본부장은 2015년 메르스 사태 때는 질병예방센
터장으로서 대응을 잘못했다고 징계를 받았지만 문재인 정
부 들어 차관급 본부장으로 승진 기용됐고 이번에 초대 질병
관리청장으로 임명될 정도로 국민의 신망을 받고 있다.

우리나라 원전업계는 그간 내부고발자가 없었다. 원전비

리나 사고고장이 생겨 사회문제가 됐을 때 친원전 학자들은 단 한 번도 사전경고나 자기반성의 결의를 우리 사회에 보인 적이 없다. 일본의 경우도 후쿠시마원전사고 이후에야 《福島原発ある技術者の証言−原発は開發途上の技術だった 후쿠시마원전 어느 기술자의 증언-원전은 개발도상의 기술이었다》(2014)나 《元原発技術者が伝えたいほんとうの怖さ 전 원전기술자가 알리고 싶은 진정한 두려움》(2014)와 같은 원전기술자들의 참회록이 나왔다.

GE기술자이자 도호쿠엔터프라이즈 회장인 나카 유키데루名嘉幸照(당시 73세) 씨는 책을 통해 "나는 아슬아슬한 사태를 수없이 겪었다. 그 뒤 원전의 기술적인 개량이 진전되고 시스템은 안정돼도 기계의 예상 밖의 열화와 조작실수 등으로 위험한 사태는 끝이 없었다. 현장에서는 후쿠시마원전의 쓰나미에 대한 약점은 이미 알고 있었지만 대책은 차일피일 미루고 있었던 것이다"라고 고백했다.

도쿄전력은 후쿠시마사고 이전에 프랑스 브라이에원전에서 홍수로 인한 전원상실사고를 알았지만 과거 매뉴얼만 따르다 '예상치 못한 사태'를 접했다. 미국은 9·11테러 이후 2002년 미 해군특수부대 요원이 모의테러훈련으로 원전 침입을 시도한 결과 미국의 11개 원전 가운데 7개 원전이 노심파괴된 사례가 있다. 우리나라의 경우 아직도 등급7의 최악의 원전사고를 예상해 대비하고 있지는 않다. 이런 점에서 탈원전 학자들은 오히려 원자력안전위원회를 원자력규제위원회로 위상을 강화하고, 행정부 내부 감시만이 아니라 국회 차원의 감시기구를 만들어 크로스체크할 수 있는 시스템을 갖출 필요가 있다고 조언한다.[1]

지난 10월 20일 감사원이 월성1호기 조기폐쇄 결정 과정에서 경제성이 불합리하게 저평가됐다는 내용의 감사 결과를 내놨다. 국회가 감사를 요구한 지 만 1년 1일 만, 법정 감사 시간인 2월을 8개월 넘겨서다. 하지만 감사원은 조기폐쇄 결정 자체에 대한 타당성에 대한 종합 판단은 아니라고 밝혔다. 안전성과 지역 수용성 등을 종합해 고려한 폐쇄 결정 과정에서와 달리 경제성 평가만 살폈기에 종합적 판단은 유보했다는 설명이다.

다음날인 10월 21일 다수 신문은 감사 결과가 경제성만 따진 '반쪽'이라는 데 주목했다. 그러나 동아일보와 조선일보, 중앙일보는 감사 결과 가운데 산업부가 감사를 앞두고 자료를 삭제했다는 내용을 1면 머리기사 제목으로 뽑으며 폐쇄 결정 자체의 적법성과 정당성에 문제를 제기했다. 신문들은 감사 결과의 파장 가운데 여야 정치권의 입장 차에 의미를 두고 보도하면서, 어정쩡한 결론 탓에 논란이 불가피하게 이어지게 됐다고 했다.[2]

월성1호기 폐로결정이나 코로나19 상황에서의 '거리두기'

야말로 세월호사고 때처럼 골든타임을 놓치지 않기 위해 국가가 취하는 비상조치다. 재난의 일상화시대에 살고 있는 우리에게 각종 사고의 교훈은 '사고는 언제, 어디서나, 어떤 이유든지, 누구에게나 일어날 수 있다'는 사실을 잊어선 안 된다. 그리고 이러한 모든 문제가 서로 연결돼 있으며 우리 모두는 이러한 문제해결에 도움이 되는 존재가 되어야 한다는 것이다. 그래서 '탈원전 반대'는 틀렸다. 지금 우리에겐 재난에 대한 사회학적 상상력이 그 어느 때보다 필요하다.

02

기후위기, 그린뉴딜로 극복하라

코로나19 사태 와중에 세계의 주목을 받으며 지난 4월 21대 총선이 치러진 결과, 여당이 300석 가운데 180석을 얻는 압승을 거두었다. 이번 선거는 '코로나 선거'라고 할 정도로 정부의 재난대응에 대한 판단이 표의 행방을 갈랐다. 이제 정부 여당은 막강한 권한과 더불어 무한 책임을 지게 됐다. 코로나19 방역은 물론 향후 닥칠지도 모를 감염병·기후위기 등의 대재난에 대해 국민이 신뢰할 수 있는 정책을 내놓고, 이를 강력하게 실천해야 한다. 앞으로는 야당 탓을 할 수도 없다. 촛불혁명을 통해 정권을 잡은 초심으로 돌아가 '우리 사회의 틀 바꾸기'를 단행해 나가야 한다.

코로나19는 변수가 아닌 '상수'가 될 전망이다. 미 국립보건원은 내년 봄쯤 전 세계인이 이용할 수 있는 백신이 나올 것으로 보지만, 미국질병통제예방센터는 올겨울에 제2의 코로나19 사태가 올 수 있다고 경고하고, 미 국립 알레르기전염병연구소NIAID는 코로나 바이러스가 늦가을부터 초봄까지 독감처럼 재발할 수 있다고 지난 4월 12일 CNN을 통해 밝혔다. 하버드대 공중보건대학원 연구진은 '사회적 거리두기'를 2022년까지 연장하자는 주장을 내놓았다.[3]

코로나19와 같은 감염병은 대기오염과 밀접한 관계가 있다는 연구 결과가 나왔다. 미 하버드대 연구팀은 초미세먼지 1㎥당 1마이크로그램 증가 시 사망률이 15% 증가한다면서 초미세먼지가 코로나 사망률에 기여하는 강도가 일반적인 사망률에 비해 20배 높다고 밝혔다. 대기오염이 유럽에서 제일 심한 이탈리아 북부의 코로나 사망률이 12%나 되는 것과 관계되는데, 이는 과거 사스와 대기오염과의 관련 연구에서도 동일한 결과가 나왔다.[4] 세계보건기구는 기후변화가 미치는 악영향으로 식량위기, 기상이변의 증가, 잦은 폭염, 물 부족 및 오염 등과 함께 매개체 질병의 증가로 인한 건강위협을 강조하고 있다.[5] 그러니 기후변화, 지구온난화야말로 가장 위협적인 요인임에 틀림없다.

환경과 사람이 중심이다

세계경제가 1930년대 대공황 이상이라고 하는 지금, 감염병이나 기후위기로 인한 경제침체를 뚫고 나가는 성장동력으로 전 세계가 '그린뉴딜Green New Deal'을 외치고 있다.

그린뉴딜은 1930년대 케인스가 불황 시 정부가 '최후의 화폐사용자'로 재정을 투입해 유효수요를 만들어낼 것을 제안한 뒤 루스벨트 대통령이 '뉴딜정책'을 대대적으로 실시해 대공황을 극복한 사례에 힘입었다. 이후 2008년 세계 금융위기 이후 경제침체 극복을 위해 녹색산업에 대한 대규모 공공투자를 통해 경기를 부양하는 정책으로 거듭났다. 그린뉴딜이란 용어는 미국의 언론인인 토마스 프리드먼이 2007년 1월 〈뉴욕타임스〉에 기고하면서 처음 사용했지만 그 뒤 영국에서 2008년 7월 '그린뉴딜 그룹'이 생겼고, 유엔환경계획이 본격적으로 그린뉴딜정책의 확산에 나섰다.

미국은 2020 대선 주요공약으로 민주당이 '그린뉴딜'정책을 내놓았다. 2019년 2월 7일 미 민주당이 발표한 '그린뉴딜 결의안'은 기후변화 해법으로 10년 내에 미국 전기에너지의 100% 재생에너지 전환, '스마트 그리드' 도시 건설 및 모든 빌딩의 녹색빌딩 전환 등 대담한 제안을 하고 있다. 이를 위해 1조 달러 이상을 기후변화 대응을 위한 인프라에 투자하며, 1000만 명의 일자리를 만들고, 건강보험의 전국적 적용, 대학무상등록금, 기본소득, 생활보장 최저임금 등 포괄적인 사회보장을 확보하기 위해 과감한 재정적자 정책을 펼칠 계획을 담고 있다.[6]

유럽연합은 2020년 1월, 2050년 탄소배출제로를 목표로 하는 그린딜Green Deal 정책법안을 의회에서 통과시켰는데, 매년 유럽연합 전체 GDP의 15%에 해당하는 약 330조 원을 기후위기대응 및 탈탄소 인프라 구축, 녹색산업 전환 등에 투자할 것이라고 밝혔다. 그린딜의 핵심은 2050년 온실가스 배출제로 달성, 2030년 온실가스 감축목표 50~55%로 강화(이전 대비 10~15% 향상), 세계무역기구WTO 원칙에 위배되지 않는 탄소관세의 도입 등이다. 특히 2050년까지 수송부문 온실가스 90% 감축, 화석에너지산업 보조금을 폐지하기로 했는데 이는 배연기관 자동차의 종말을 의미한다. 대신 전기자동차 충전소를 2025년까지 100만 개로 확대하고 항공 및 해상운송의 바이오디젤 및 수소연료 사용을 확대하겠다는 것이다.[7]

《엔트로피》《소유의 종말》 등의 저자인 제레미 리프킨은 《The Global Green New Deal글로벌 그린뉴딜》(2019)이란 책에서 "그린뉴딜은 지구를 위한 새로운 비전이자 지구를 지키는 낙관주의"라며 "모든 사업을 가능한 한 바꾸어 위기에서 벗어나야 하며, 기술·자본·사람 등 모두 그린뉴딜을 실행할 수 있는 역량이 충분하다"고 강조했다.

그런데 이러한 그린뉴딜정책에 원자력은 들어가지 않는 다는 사실을 강조하고 싶다. 유럽연합은 '그린딜'의 투자계획에서 석탄과 원자력을 배제하기로 했다.[8] 사고 위험성은 물론 장기적으로 경제성 면에서도 원전은 답이 없다는 판단에서다. 실제로 원전이 세계적으로 사양산업임은 〈World Nuclear Industry Status Report 2019*2019년 세계 원전산업현황 보고서*〉가 잘 보여준다. 보고서에 따르면 2065년이 되면 사실상 세계는 '원전제로'에 이른다고 전망한다. 전 세계 원전건설은 2010년 15기에서 2018년 5기로 3분의 1 수준으로 줄어들었으며, 2019년에는 단 1기만 추가 건설됐다. 31개 원전 가동국 중 10개국이 원전보다 재생가능에너지로 더 많은 전력을 생산하고 있다. 신규 원전의 비용은 23% 증가한 반면 태양광 비용은 88%, 풍력은 69% 감소했다. 원전은 가장 비싸며 저탄소전력·에너지 서비스 제공에 '가장 느린 선택지'라고 결론지었다.

그린뉴딜과 관련해 궁금해 하는 것 중 하나가 과연 그린뉴딜로 어느 정도 고용창출효과를 얻을 수 있는가다. 탈원전에너지전환을 추진해 온 독일의 사례로 보면 재생가능에너지분야에서의 신규고용창출 수가 2009년에 30만, 2010년에는 37만 명인데 이는 일본의 전력회사 10개사에 직접고용된 종업원 총수인 13만 명보다 3배 정도 많은 수치다.[9]

미국의 그린뉴딜의 핵심은 2050년까지 재생가능에너지로 전환하기 위해 7조 8000억 달러(약 8845조 원)의 초기투자가 필요하지만 이 전환으로 2050년까지 연간 3조 1000억 달러(약 3515조 원)의 기후피해를 피할 수 있고, 기후재난에서 연간 6만 3000명의 생명을 구할 수 있다. 가장 놀라운 것은 220만 개의 화석연료 일자리가 없어지는 반면, 520만 개의 영구적인 클린에너지 일자리로 대체된다는 것이다.[10]

지난 4·15총선에서 여야 각 당은 기후변화·에너지정책 공약을 내놓았다. 더불어민주당은 '그린뉴딜·탄소세 추진' '그린뉴딜기본법 제정' '석탄발전소 감축·재생에너지 확대' '석탄금융 중단' '저탄소산업 육성' 등을, 정의당은 '석탄화력발전소 조기 가동중지' '2030년 경유차 완전 퇴출' '기후에너지부 신설' 등을 내놓았다. 이에 반해 미래통합당은 그린뉴딜에 대한 입장을 밝히지 않고 '신한울원전3·4호기 건설 재개' '월성1호기 재가동 추진' '미세먼지 저감을 위한 국제공조 강화' 등을 공약으로 내놓았다.[11]

총선 후보자들 상당수가 그린뉴딜정책 실시에 적극적인 반응을 보였다. 그린피스가 총선 전 민주당·통합당·정의당 소속 서울 지역구 출마자 112명을 대상으로 기후위기 인식도 설문조사를 편 결과 응답자의 98.5%가 "당선 뒤 그린 뉴딜을 추진할 것"이라고 했다.[12] 이제 21대 국회의원 당선 자들은 정말 에너지에 관한 한 전향적인 자세로 입법활동에 나서야 한다. 다행히 이번에는 탈원전에너지전환·기후변화 전문가도 국회에 입성했다. 21대 국회에 대한 기대와 함께 정부와 의회가 해야 할 우선 과제를 제안한다.

첫째, 국회에서 '그린뉴딜기본법' '에너지전환기본법' '기후위기대응기본법' 등을 입법 취지에 맞게 제정해야 한다. 이명박 정부 때 제정된 '녹색성장기본법'을 재검토하고 녹색성장위원회를 '지속가능발전위원회'로 통폐합하는 문제를 논의할 필요가 있다. 여당은 '그린뉴딜특위'를 만들어 정의당·녹색당·노동당 등 진보야당과 협의해 기후위기에 관한 한 '진보적인 입법'을 만들어내야 한다.

둘째, 녹색뉴딜은 '탈원전에너지전환'을 바탕으로 '지속 가능한 사회'의 지향점을 국민에게 제시해야 한다. 일부 야당과 보수언론의 '탈원전 반대' '원전부활'이라는 정책의 허구성을 국민에게 알려 주어야 한다. 이를 위해 '탈원전 반대' 가짜뉴스를 국회에서 실시간 팩트체크를 하고, 정보공개와 국정홍보 및 언론을 통해 국민들에게 세계적인 탈원전에너지전환의 흐름을 생생하게 전해 줄 수 있도록 노력해야 한다.

셋째, '핵마피아 기술자집단'의 '파이로프로세싱과 고속로 연계 시스템 실증시설 건설계획'과 같은 밑빠진 독에 물 붓기식의 '황당한' 사용후핵연료처리기술 연구에 천문학적인 예산을 퍼붓는 일을 원천적으로 막아야 한다. 또한 4대강 사업 같이 국책사업이란 이름으로 환경을 파괴하는 구조를 바로 잡고, 국책사업의 재검토를 위한 '국책사업기본법' 제정과 같은 입법에 나서야 한다. 국책사업에 대한 국회의 감사활동이 제대로 이뤄져야 한다.

넷째, 그린뉴딜은 농촌 발전과 연계해 미래 식량안보기지로서의 농촌을 살리고, 농촌이 '태양광에너지농사' 등을 통해 지역에너지 생산기지가 될 수 있도록 지원해야 한다. 이를 위해 농민기본소득제 도입을 적극적으로 논의하고 재난기본소득과 더불어 향후 제4차 산업혁명에 따른 피해를 막기 위한 보편적 기본소득에 대한 논의도 이 참에 시작해야 한다.

영국의 비주류 경제학자 케이트 레이워스Kate Raworth는 《도넛 경제학Doughnut Economics》(2017)에서 경제활동의 목표가 성장이 아닌 균형에 있다고 강조한다. 인간의 존엄성을 보장할 사회적 기초를 마련하기 위해 일정한 발전을 추구하면서도 지구 생태계와 조화를 이루도록 발전의 방향과 수준을 조절하는 것이 중요하다. 그린뉴딜은 힘 있는 정부를 필요로 한다. 이제 국민들이 힘을 실어 준 만큼 기후위기 대책을 마련하는 제대로 된 여당을 보고 싶다.

03

재난편승형 자본주의를 경계하라

코로나19 사태가 조금 진정되면서 정부가 경기부양을 위해 '한국판 뉴딜정책'을 본격 추진할 모양이다. 한국판 뉴딜 정책은 '디지털뉴딜'이라 할 정도로 '비대면화·디지털화'를 강조하고 대기업 위주에다 개인정보 규제를 대폭 완화하는 반면, 노동, 녹지, 환경분야의 사업은 빠져 있다. 코로나19 재난을 겪으면서 우리 사회의 근본적인 대전환을 기대하는 입장에서는 무척 실망스럽다. '디지털뉴딜' 정책은 외형적 성장만을 지향해 온 신자유주의경제 기조와 '관료적 타성'이 정책에 그대로 드러나 보인다. 자칫 잘못되면 코로나19를 계기로 신자유주의경제가 더 강화되는 이른바 '재난편승형 자본주의'로 갈까 두렵다. 지금 필요한 것은 우리 사회에 대한 전반적인 성찰을 바탕으로 한 진정한 '한국판 그린뉴딜'이다.

재난편승형 자본주의를 경계하라

지난 5월 7일 홍남기 부총리 겸 기획재정부 장관 주재로 제2차 비상경제 중앙대책본부 회의에서 논의된 '한국판 뉴딜 추진방향'은 3대 프로젝트('디지털인프라 구축' '비대면 산업 육성' 'SOC 디지털화')로 구성됐다. 이를 위해 10개 중점과제를 선정했는데 '데이터 전全 주기 인프라 강화' '국민체감 핵심 6대 분야 데이터 수집 · 활용 확대' '5G 인프라 조기 구축' '전全 산업으로 AI 융합 확산' '비대면 서비스 확산 기반 조성' '디지털 물류서비스 체계 구축' 등이다.[13]

지난 5월 10일 문재인 대통령은 '취임 3주년 특별연설'에서 "'한국판 뉴딜'은 디지털 인프라를 구축하는 미래 선점투자"라며 5G 인프라 조기 구축, 데이터 인프라 구축, 비대면 산업, 국가기반시설에의 인공지능 · 디지털기술 결합 등의 추진 · 육성 방침을 강조하고, 향후 과감한 정책을 통해 '포스트코로나' 시대에 대비하고, 새로운 도약을 이끌겠다는 의

지를 밝혔다. 하지만 아쉽게도 이번 한국판 뉴딜에는 기후
위기나 에너지 전환, 불평등 해소 등 우리 사회의 근본적인
문제에 대한 '방향성'과 '의지'는 없어 보인다.

　이러다 보니 코로나19 위기 국면을 틈타 재계이익을 늘리
는 쪽으로 정책 패러다임이 작동하는 이른바 '재난 자본주
의'가 심화될 것이라는 언론비판도 나온다. KT 특혜 논란을
일으킨 인터넷전문은행법, 기업방어권을 강화하는 내용의
공정거래법 개정안 등이 4월 29일 국회를 통과한 데 이어 정
부는 5월 7일 정세균 국무총리 주재로 열린 회의에서 공공기
관 규제를 완화하는 내용의 '공공기관 규정대상 포괄적 네
거티브 규제 전환 방안'을 확정했다. 대통령 직속 정책기획
위원회가 이날 주최한 '포스트코로나 시대의 위기와 기회'
토론회에서도 법인세율을 낮춰 기업 비용을 절감해야 한다
는 재계 측 요구가 이어졌다. 당초 더불어민주당은 한국형
뉴딜에 당이 공약한 그린뉴딜이 포함돼야 한다는 의견을 정
부에 제시했지만 받아들여지지 않은 것으로 알려졌다.[14]

　'재난 자본주의Disaster Capitalism'란 이해하기 쉽게 말하면
'재난편승형 자본주의'를 의미한다. '재난 자본주의'는 캐나
다 출신 저널리스트인 나오미 클라인Naomi Klein의 《The Shock
Doctrine쇼크 독트린》(2007)'에 나오는 말이다. 클라인은 자연재
해나 전쟁 등의 참사를 기화로 과격한 경제개혁을 단행하는

미국 정부의 '재난 자본주의'를 폭로했다. 클라인은 공공영역의 축소, 기업활동의 완전 자유화, 사회지출의 대폭 삭감이라는 삼위일체의 정책이 신자유주의나 신보수주의의 특징이라며 그들 정책이 적용된 국가에서는 반드시 정치가와 강력한 기업이 결탁하고 새로운 엘리트층이 대두해 공공의 부를 사물화하고 불평등을 확대한다고 말한다. 그 예로 미국 부시정권이 미국의 국방부문을 민영화하는 수단으로 이라크전쟁을 이용해 그 과정에서 소수가 거액의 이익을 얻었다는 것이다. 또 2005년 미국 남부를 습격한 허리케인 카트리나 재해를 우파 싱크탱크가 뉴올리언스시의 공교육 시스템을 빼앗아 민간단체에 팔아넘기는 기회로 삼았다는 것이다.

'쇼크 독트린'이란 말은 신자유주의경제학 옹호자인 미국의 경제학자 밀턴 프리드먼이 《Capitalism and Freedom*자본주의와 자유*》(1982)에서 한 말로, '정치적 사건이나 자연재해 등 충격적인 사건이 일어나 국민이 쇼크를 받았을 때야말로 보통이라면 도저히 시도할 수 없는 과격한 자본주의적 개혁을 단행할 기회'라고 주장한 데서 나왔다. 실제로 신고전파경제학, 즉 신자유주의경제학의 선봉인 '시카고학파'는 브라질, 칠레, 아르헨티나, 멕시코 등 라틴아메리카에 이러한 경제이데올로기를 심어 사실상 그 나라를 좌지우지해 왔다고 클라인은 고발한다.

'시카고학파'의 산실인 시카고대 경제학부는 미 국무성의 지원을 받아 1956년부터 1970년까지 수십 명의 칠레 학생을 이 대학에 유치해 '자유주의경제 이데올로기 전사' 양성 프로그램을 운영했다. 이들 '시카고 보이즈Chicago Boys'는 전 국민 의료보장과 교육을 제공하고 국내 산업을 보호하던 모국 칠레의 정책을 비판하고, 통화주의나 규제완화, 민영화, 자유무역을 추진하도록 철저히 교육을 받았다. 그리고 이러한 프로그램이 1965년에는 포드재단의 지원으로 브라질, 아르헨티나, 멕시코 등 라틴아메리카 전역으로 확대되었다. 실제 칠레에선 시카고 보이즈 중 한 명이 경제장관이 되자 칠레 국유기업 500개를 민영화하고 최후의 무역장벽을 철폐했는가 하면 쿠데타로 집권한 피노체트 정권은 한때 공립학교를 파우처제도로 바꾸고, 사회보장제도는 물론 유치원이나 묘지를 민영화했다.

한국판 뉴딜정책의 방향

정부의 이번 한국판 뉴딜정책에 대해선 여당조차 경제관료들의 경직성에 대한 문제를 지적한다. 더불어민주당이 정부가 국회에 제출한 11조 7000억 원 규모의 추경안을 18조 원 이상으로 늘려야 한다고 요구한 데 대해 홍남기 부총리는 '재정건전성'을 감안해 증액은 어렵다는 거부 의사를 밝혔고, 이에 이해찬 민주당 대표는 부총리의 해임결의안 카드까지 들먹였다.[15] 민주당의 '그린뉴딜' 공약이 정작 정부의 포스트코로나 '뉴딜정책'에 전혀 반영되지 않은 원인은 무엇일까?

우선 한국판 뉴딜정책은 루스벨트가 추진했던 '정통뉴딜'에 비해서도 너무 미온적이다. 1932년 당선된 루스벨트 대통령은 취임 직후 '긴급은행법'과 '관리통화법'을 마련해 금융제도의 정비와 통화에 대한 정부의 규제력을 강화했다. 무엇보다 대공황으로 가장 많은 타격을 입은 농민문제 해결을 위해 '농업조정법'을 마련하고 과잉생산된 농산물을 연방정부가 매입하는 동시에 농업생산량을 조절해 농산물의 가격하락 방지에 노력했다. 또 '산업부흥법'을 통해 산업부문마다 생산조절과 최저가격을 정함으로써 기업 간 과열경쟁을 억제했고, 우리가 잘 아는 테네시강 유역개발사업과 같은 사회간접자본을 확충하면서 실업자 구제계획을 추진했다. 동시에 '사회보장법'을 제정해 노인연금과 실업자수당 등을 제도화했고, 1936년 재선된 뒤에는 노동자의 단결권과 단체교섭권, 최저임금제와 주 40시간 근로제 등을 도입했다. 당시 미국의 최고소득세율을 25%에서 79%까지 높이면서 말이다.

코로나19를 겪은 우리나라의 경제정책이 예산 규모만 커졌지 방향을 제대로 잡지 못하는 것은 아직도 우리나라 정치가와 경제관료들의 생각이 신고전파경제학에서 크게 벗어나지 못하고 있기 때문이 아닐까? 한성안 영산대 교수는 《진보집권 경제학》(2020)에서 우리나라 관료들의 사고가 신고전파경제학에서 벗어나지 못한다고 지적했다. 재경계열 행정고시에서 나오는 경제학시험이 신고전주의경제학이다. 한 교수는 '민주정부의 경제정책의 앞날이 절대 밝지 않다. 내부에서 이론적 적들로 에워싸여 있는데 뭐가 제대로 되겠나? 공무원들에게 제도경제학과 포스트케인지언 경제학 등 비주류 경제학을 가르쳐 균형귀신을 쫓아내야 한다. 정부는 경영활동으로 이윤을 극대화함으로써 흑자재정을 달성하거나 비용을 줄여 균형재정을 달성하고자 하면 안 된다. 정부는 오히려 적자재정을 통해 경세제민을 달성하는 데 주력해야 한다'고 강조하는데 필자도 이에 동의한다.

거듭 강조하거니와 한국판 뉴딜정책은 '재난편승형 자본주의'를 경계해야 한다. 지금이야말로 시민사회와의 소통을 통해 '한국판 그린뉴딜'의 틀짜기에 나서야 할 때다. 민주당은 21대 그린뉴딜 공약을 이번 뉴딜정책에 포함시키도록 최선을 다해야 하고, 무엇보다 21대 국회가 열리면 '거대여당'으로 책임 있게 각종 개혁법안을 입법해 통과시켜야 한다. 코로나 이후의 경제는 재난을 대비한 미래지향의 투자가 돼야 마땅하다. GDP의 허상에 빠질 것이 아니라 우리 사회의 안전망 구축에 방점을 두어야 한다.

한편 한국판 그린뉴딜은 노동을 중시하는 정책이어야 한다. 그중 재난에 대비해 노동자의 해고나 실업에 대한 대책을 충분히 세워야 한다. 노동자의 산업재해에 대해서는 철저한 사고예방과 동시에 사고발생 시 기업책임을 확실히 물어야 한다. 노동의 가치를 존중해 노동소득에 대해서는 감세하고, 금융·부동산·양도소득 등 불로소득에 대해서는 조세권을 강화해야 한다. 디지털혁명, 제4차 산업혁명 과정에서 발생할 실업 등 사회적 재난에 대한 대비책도 마련해야 한다.

그린뉴딜의 핵심은 탈화석·탈원전 에너지전환이다. 이런 점에서 재생가능에너지산업에 대한 투자를 강화해야 한다. 기후위기에 대응한 유럽·미국의 새로운 그린뉴딜정책을 벤치마킹해야 한다. 또한 농촌과 도시의 상생정책이 이뤄져야 한다. 식량위기 대응을 위한 농촌·농업 인프라를 구축하고, 농촌과 에너지생산을 결합한 새로운 '에너지농업운동'을 한번 펼쳐보면 어떨까? 이를 위해 관련 부서에 최소한 '그린뉴딜국' 정도는 두고, 향후 정부 부처로 지속가능개발부 또는 에너지전환부를 두면 좋을 것이다.

정치가 바뀌어야 나라가 산다. 관료가 바뀌어야 정책이 바로 선다. 21대 국회는 관료들의 기존 관행에 사로잡힌 정책에서 벗어나 국민과 소통해야 한다. 집권 여당은 지금이야말로 책임감을 갖고 집중적인 논의를 통해 보다 과감하고 참신한 '한국판 그린뉴딜' 정책을 국민에게 선보일 때다.

04

한국판 뉴딜정책, 두 번 실패는 없다

정부는 7월 14일 코로나19 이후 경기회복을 위한 국가 프로젝트로 '한국판 뉴딜 종합계획'을 내놓았다. 문재인 대통령은 기조연설을 통해 "한국판 뉴딜은 대한민국 대전환 선언이자, 새로운 100년을 설계하는 것"이라 강조했다. 한국판 뉴딜 종합계획은 디지털 뉴딜, 그린뉴딜, 안전망 강화 등 3개를 축으로 해당 분야에 2022년까지 67조 7000억 원을 투입해 일자리 88만 7000개를, 2025년까지 160조 원을 투입해 일자리 190만 1000개를 창출한다는 계획이다.

이것은 지난 5월 7일 제2차 비상경제 중앙대책본부 회의에서의 '한국판 뉴딜 추진방향' 3대 프로젝트, 10개 중점과

제 발표 이후 2개월여 간의 보완을 거쳐 나온 것임에도 실망한 목소리가 다수다. 대체로 과거 '녹색성장'이나 '창조경제'와 같이 이름은 그럴싸하나 구체적인 목표나 방향성이 부족하다는 지적이다. 특히 코로나19로 인한 기후위기나 에너지전환, 농촌·농업 살리기, 불평등 해소 등 우리 사회의 근본적인 문제, 대전환에 대한 '방향성'과 '의지'가 보이지 않는다는 것이다.

'녹색성장'의 실패

'한국판 뉴딜이 과거 토목사업 위주로 진행된 뉴딜과는 확연히 차별화되는 21세기형 뉴딜정책이라고 강조하지만 일각에선 혁신성장을 재포장한 것, 근본적인 차이가 없다'는 비판도 있다.[16] 코로나19 충격으로 경제·사회 구조에 변화가 발생했다면 교육방식부터 제도나 법 등 구조를 바꿔야 하는데 이번 뉴딜정책은 주로 디지털 인프라에 초점을 맞춘 것으로 문제라는 것이다.

같은 날 한겨레신문은 '그린뉴딜 기후위기 대응 중장기 비전이 안 보인다'라는 제하의 기사에서 '넷제로net-zero(탄소 순배출량 제로) 같은 탈탄소사회를 향한 청사진을 내놓지 못했고, 혁신적 계획 수립도 의욕적 재정투자도 없다'고 비판했다. 목표가 없는 에너지전환 정책은 기존 수준을 벗어나지 못했고, 석탄발전 업종 전환 지원 등 '공정 전환'을 처음 언급하긴 했지만 내연기관차 퇴출과 석탄발전 중단 계획 등을 제시하지 못했으며, 농업정책이 없는 것도 한계로 지적됐다.

전국친환경농업인연합회는 지난 7월 19일 "농업 없는 한국판 뉴딜 종합계획을 즉각 재설계하라"고 목청을 높였다. 친농연은 '이번 한국판 뉴딜 종합계획은 이명박 정부가 추진한 대기업을 위한 무늬만 녹색인 녹색성장 정책과 하등 다르지 않다'고 비판했다. 2025년까지 163조 원의 예산이 투입되는 이번 계획에 농업 관련 과제는 스마트 물류체계 구축을 위한 통합플랫폼 구축과 농지까지 무분별하게 잠식하고 있는 농촌 태양광 설치, 1200개 마을에 초고속인터넷망을 구축한다는 것이 전부라고 꼬집었다. 유럽은 2050년까지 탄소배출 제로 달성을 위해 농업예산의 40%를 관련 사업에 사용하고, 2030년까지 화학농약 50%, 비료사용 20% 감축과 유럽 전 농지의 25%를 유기농업으로 전환할 계획을 수립 실천하고 있다고 덧붙였다. 친농연은 '주요작물에 대한 자급률 목표치 설정 및 지원정책 실시' '농지의 부당 소유 및 타용도 전용 근절' '농업분야의 탄소제로를 위해 유럽연합과 같이 직불금 중심 농정으로 전환' '벼 재배를 친환경으로 전면 전환' '학교 등 공공영역부터 친환경농산물 우선 사용' 등을 요구했다.[17]

청년기후긴급행동도 7월 17일 한국판 뉴딜정책을 '그린의 탈을 쓴 회색뉴딜'이라며 비판했다. 청년기후긴급행동은 '주택 공급을 위해 정부의 서울 개발제한구역 해제 검토 반대' '한국전력공사의 인도네시아 석탄화력발전소 건설사업 반대' '한국의 2025년 온실가스 감축 목표량 1229만t(IPCC 특별보고서 기준 목표량의 20% 수준) 설정이라는 말도 안 되는 목표 수준의 획기적 개선'을 강조했다.[18]

묘한 기시감이 든다. '회색뉴딜'이란 말은 이명박 정부의 녹색성장 때 들어본 듯한 말이다. 2008년 8월 당시 이명박 대통령은 "녹색성장은 온실가스와 환경오염을 줄이는 지속가능한 성장이며 녹색기술과 청정에너지로 신성장동력과 일자리를 창출하는 신국가발전 패러다임"이라며 '저탄소 녹색성장'을 천명했다. 그해 9월 내놓은 '기후변화대응 종합기본계획'은 '2020년까지 세계 7대, 2050년까지 세계 5대 녹색강국 진입'을 비전으로, 3대 전략(기후변화 적응 및 에너지 자립, 신성장동력 창출, 삶의 질 개선과 국가위상 강화), 10대 정책방향을 내놓았다.

그러나 이명박 정부의 저탄소 녹색성장정책은 '고탄소 황색성장' 사고방식에서 벗어나지 못한다는 지적을 받았다. 한신대 이상헌 교수는 〈환경과 생명〉(2008년 겨울호)에 기고한 '저탄소 녹색성장의 특징과 문제점'이란 글에서 '저탄소 녹색성장'은 '지속가능한 발전'보다 후퇴한 개념으로 현실성과 방향성이 없고, 녹색재정계획이 따르지 않았고, 컨트롤타워가 분명하지 않고, 원자력 의존형 정책이며, 게다가 사회적 논의 과정 없이 나왔다는 점을 지적했다. 이명박 정부의 녹색성장 정책 이후 10여년 만에 내놓은 '그린뉴딜'에서 그다지 달라진 점을 발견하기 어렵다. 코로나19 이후 한국판 뉴딜정책은 사업의 나열이 아니라 우리 사회의 미래가치에 대한 인식의 공유에서 출발해야 한다는 점에서 녹색성장의 실패를 되짚어 보아야 한다.

그린뉴딜, 관점부터 바꿔라

이유진 녹색전환연구소 연구원은 〈그린뉴딜 시사점과 한국사회 적용〉이라는 연구보고서[19]에서 '이명박 정부의 녹색성장에 대한 평가를 바탕으로 포괄적인 그린뉴딜정책 준비가 필요하다'고 강조한다. 2008년 이명박 정부의 녹색성장 정책은 4대강 사업과 석탄발전 확대를 중심으로 진행되면서

온실가스 배출이 증가하고 단기 건설경기 부양 효과를 내는
데 그쳤다. 반면 2009년 미국 오바마 정부의 그린뉴딜정책
은 '미국 경기회복과 재투자법'에 따른 재정투자, 규제와 인
센티브 정책을 펼치면서 재생가능에너지와 전기차 산업이
성장하고 일자리가 확대되었다는 것이다. 이 연구원은 한국
사회 그린뉴딜 적용방안으로 '온실가스 감축을 최우선 정책
으로 설정하고 탄소예산제도 도입 운영' '기후위기와 재난
에 회복력을 갖출 수 있도록 인프라 재구축' '에너지다소비
산업에서 수요관리 기반 탈탄소 산업으로 구조전환' '자치
분권과 연계 지역에너지, 먹을거리, 경제체제로 전환' '법과
행정조직, 재정조달 방안 마련' '단기적으로 적용 가능한 그
린뉴딜정책 실험' 등을 제안했다.

세계 GDP 10위의 경제대국인 우리나라가 2020년 '저먼워
치German Watch'의 기후변화 성과지표CCPI에서 61개국 중 58위
를 차지하는 '기후위기 대응 꼴찌국가' '기후악당 국가'임은
알려진 사실이다. 이산화탄소 배출 증가율은 경제협력개발
기구에서 가장 높고, 연간 이산화탄소 배출량은 세계 7위,
국민 1인당 배출량은 세계 4위다. 한국의 2017년 에너지 소
비량은 경제협력개발기구 평균보다 40% 많다. 세계 4위 석
탄수입국이자 3위의 석탄화력 해외 투자국인 반면 재생에너
지 발전 비중은 경제협력개발기구 최하위다. 그린뉴딜은 온

실가스 감축을 최우선에 두고 저탄소로 경제산업구조를 개편하는 작업이다. 유럽은 '2050년 탄소 순배출량 제로'를 목표로 10년간 1조 유로(약 1356조 원)를 투입하는 '유럽 그린딜 투자계획'을 발표했다. 그중 1000억 유로는 가장 취약한 계층·지역·산업을 지원하는 '공정전환체계'에 쓰인다.[20] 한국판 뉴딜정책은 무엇보다 에너지 과소비구조에 대한 철저한 반성에서부터 출발하여야 한다는 말이다.

왜 이런 일이 벌어질까? 그것은 세계적인 흐름, 시대적 요구에 대해 우리나라 정치·관료사회가 제대로 이해를 하지 못하거나 수용하지 않으려 하는 데서 일어나는 것 아닐까 싶다. 코로나19와 같이 세계적 대유행이 와도 여전히 대기업 중심의 '경쟁력과 효율'을 최우선시하는 신자유주의경제관에서 벗어나려 하지 않는다. 디지털 뉴딜로 산업구조가 전환되는 과정에서 노동자의 노동불안에 대한 대책도 결여돼 있다. 선진국의 과감한 그린뉴딜 사례나 탈원전·탈화석연료 에너지전환이라는 국제적인 흐름도 제대로 정책에 반영하지 않고 있다. 무엇보다 시민, 전문가의 참여나 지혜를 구하지 않는 게 문제다. 도시 중심, 특히 수도권 중심의 정책결정으로 농촌과의 상생, 지방과의 균형발전이란 의식이 정책 수립단계에서 보이지 않는다. 에너지·기후문제가 미래 세대의, 세대 간 불평등의 문제라는 인식도 없다. 한마디로 정책에서 '철학의 부재'를 그대로 노출시키고 있는 것이다. 한국판 뉴딜 종합계획은 '수정 갱신'되어야 한다. 지금이라도 전국친환경농업인연합회나 청년기후긴급행동 등의 제안을 정책에 즉각 반영해야 한다. 자칫 '재난 자본주의'로 흐를 소지가 많은 관료주의의 적폐 개혁이 시급하다.

코로나19는 기후변화의 사회적 영향의 하나다. 따라서 기후변화를 비롯한 지구환경문제에 대한 종합적 대응이 절실하다. 지구환경문제는 이제 진퇴양난인 '딜레마'를 넘어서 삼중고三重苦인 '트릴레마trillemma'라고 할 정도로 복잡하다. 이런 점에서 정부나 지자체도 유엔 지속가능발전목표Sustainable Development Goals: SDGs에 주목하고, 뚜렷한 방향성을 갖고 계획을 수립 실천해야 한다. SDGs는 2000년부터 2015년까지 시행된 밀레니엄개발목표MDGs를 종료하고 2016년부터 2030년까지 새로 시행되는 유엔과 국제사회의 최대 공동목표다. 인류의 보편적 문제(빈곤, 질병, 교육, 성평등, 난민, 분쟁 등)와 지구환경문제(기후 변화, 에너지, 환경오염, 물, 생물다양성 등), 경제사회문제(기술, 주거, 노사, 고용, 생산·소비, 산업혁신, 사회구조, 법 등)를 2030년까지 17개 주요 목표와 169개 세부목표로 해결하고자 한다.

서울시는 2013년 9월 제1기 지속가능발전위원회를 설치한 후 지속가능발전 기본계획과 지표를 수립하고, 기본조례

제정과 이행계획 수립을 거쳐 2018년 11월 광역자치단체 최초로 자체 SDGs를 발표했다. 서울연구원은 2019년 9월 SDGs와 서울시 체계 간의 정합성 개선을 위한 노력의 하나로 〈서울 지속가능발전목표 2030 지표체계 구축과 평가 방안〉이라는 보고서를 내놓았다. 이러한 노력을 앞으로 전국 광역지자체로 확산할 필요가 있다. 이 보고서는 이행단계에서 '우선순위 설정' '협력적 거버넌스 구축 및 운영' '지역계획과의 연계' '효과적 리더십 역량 구축 및 지역 자원의 활용' '역할분담과 공동책임 체계의 구축' '협력과 상호학습'의 6단계로 추진되는 것이 바람직하다고 제안한다. 이러한 이행단계 원칙이 정부나 지자체의 '한국판 뉴딜 종합계획' 실행에서도 지켜질 필요가 있다. 이처럼 SDGs가 정부·지자체는 물론 기업, 관공서, 가정에 이르기까지 '지구적으로 생각하고, 지역에서 실천하는' 세계시민의 공통적인 미래비전으로 자리잡았으면 한다.

코로나19 사태는 우리 사회가, 아니 전 세계가 이전과 다른 새로운 사회로 접어들었음을 보여주고 있다. 한국판 뉴딜정책, 특히 그린뉴딜의 목표는 온실가스 감축, 일자리 창출, 사회불평등 해소가 핵심이다. 작금의 눈으로만 미래를 볼 것이 아니라 미래의 눈으로 지금을 보아야 한다. 2050년의 지구적 시점에서 2040년, 2030년, 그리고 지금의 2020년을 설계해야 한다. 한국판 뉴딜 종합계획이 '기존의 관행에 의한 관료종합계획'에서 벗어나 '시민공동체 대한민국의 민관거버넌스 마스터플랜'이 되어야 하는 이유가 여기에 있다.

그런데 10월 들어 약간의 반전이 생겼다. 10월 20일 스웨덴의 17살 환경운동가 그레타 툰베리가 문재인 대통령에게 "기후위기를 행동으로 보여달라"고 호소했고,[21] 문 대통령은 10월 28일 국회 시정연설에서 2050년 탄소중립에 동참하겠다고 밝혔다.

'넷제로'라 불리는 탄소중립은 온실가스 배출량(+)과 제거량(-)을 셈해 순배출량이 0이 되는 상태를 가리킨다. 120여개 국가가 시작한 '2050 넷제로' 대열에 한국도 동참하겠다고 처음 선언한 것이다. 문 대통령의 탄소중립 선언은 2018년 기후변화에 관한 정부 간 협의체[IPCC]의 권고를 수용한 것이다. 그럼에도 한국의 기후위기 대응은 매우 늦은 편이다. 지난해 국내 온실가스 배출량(7억 280만t)은 2018년보다 3.4% 감소했다. 미세먼지 대책으로 석탄발전을 줄여 온실가스 배출량이 21세기 들어 처음으로 감소한 해였다. 하지만 영국은 1971년, 독일 1991년, 일본 2004년, 미국은 2007년에 온실가스 배출량이 이미 정점을 찍고 내리막길을 걷고 있다. '세계의 공장'이라는 중국도 지난달 2060년 넷제로를 선언했고, 유럽연합에선 온실가스 배출이 많은 나라에 물리는 '탄소국경세'까지 검토 중이다. 한국의 온실가스 통제는 늦은 만큼 할 일도 첩첩인 상황이다.[22]

05

기후변화와 불평등을 해결하라

코로나19 대응을 위해 지난 3월 하순부터 시작했던 '사회적 거리두기'가 지난 4월 6일부터는 '생활 속 거리두기'로 바뀌었다.

하지만 세계경제는 대공황에 버금가는 경기침체를 겪고 있다. 그중 원유가격이 급락하고 있다. 미국 서부텍사스 중질유^{WTI} 5월 인도분이 4월 20일 거래에서 −37.63달러라는 석유 거래 사상 초유의 마이너스 가격을 기록해 충격을 줬다. 6월 인도분 WTI 가격은 4월 28일 기준 12.34달러. 국내 원유의 주 수입선인 중동산 두바이유는 4월 28일 배럴당 16.63달러였다. 11월 24일 WTI는 44.91달러에, 중동산 두바이유는 45.86달러에 거래를 마쳤다. WTI가 배럴당 45달러에 거래된 것은 8개월 전인 3월 5일로, 사우디아라비아와 러시아가 팬데믹 기간 유가 관리방식에 대한 이견으로 단기 유가 전쟁에 돌입해 수요공급 균형이 무너지고 가격 폭락이 시작되기 직전이다.[23]

2019년 12월에 발간된 매경이코노미의 《2020 대예측》은 올 한해 세계 원유가격을 두바이유로 연평균 60달러 정도로 예상했는데 코로나19로 인해 통상적인 예측의 3분의 1 수준 아래로 하락해 미국의 석유기업 3, 4개가 파산하는 등 '석유산업의 붕괴' 조짐까지 보이고 있다.

2020년 5월 22일 현재 전국 주유소 휘발유 가격이 17주 연속 하락세를 보이다 서울 등 일부 지역에서는 가격이 상승했다. 지난해 11월부터 올해 1월 말까지 상승하던 휘발유 가격은 1월 말 하락으로 전환했으며 그 뒤 꾸준히 하락해 지난 5월 22일 12년 만에 처음으로 *l* 당 1200원대로 떨어졌다.[24]

에너지 대란이 다가오다

그러나 지금의 '기름값 초저가현상'이 얼마나 갈지 모른다. 미국과 이란 간의 군사적 긴장이 높아지거나 이라크 정세가 급변하면 언제든지 급등할 수 있는 것이 원유가격이다. 석유 매장량은 아직도 정확히 추정하기 힘들지만 앞으로 50년 정도는 채굴이 가능할 것이라 전문가들은 본다. 그러나 셰일가스 생산원가가 배럴당 40달러인 시점에서 20달러 이하의 원유가격으로 석유시대가 계속될 순 없는 일이다. 기후위기 앞에 더 이상 '석유경제'를 이야기할 수 없다. 더욱이 전적으로 수입에만 의존하고 있는 우리나라의 경우 지금이야말로 '탈석유 에너지전환'에 나서야 한다.

기후위기는 미래세대에게는 재난으로 다가올 수밖에 없다. 마침내 우리나라 청소년들이 기후소송에 나섰다. 지난 3월 청소년기후행동은 정부가 2016년 파리기후변화협정 비준 뒤에도 '2℃ 이하'를 지키려는 조처가 없어 기후재난으로 인해 세대간 불평등을 낳고 청소년의 생명권과 환경권 등 기본권을 침해한다며 저탄소녹색성장기본법 등이 위헌임을 확인해 달라는 헌법소원 심판을 청구했다.

코로나19를 계기로 우리 사회는 기후변화를 비롯한 미래의 재난에 대비하기 위한 시스템을 제대로 갖추어야 한다. 형식적인 기후변화 대책이 아니라 '실질적인 대책' 마련에 민관이 나서야 한다. 미국의 베스트셀러 작가 톰 하트만이 쓴 《우리 문명의 마지막 시간들*The Last Hours of Ancient Sunlight*》 (1999) 서문에는 독일 녹색당 창립자인 페트라 켈리의 말이

예언처럼 소개돼 있다. "다음 세기를 맞이하는 우리 세대는 불가능한 일을 하지 않으면 우리 모두가 상상할 수도 없는 재난을 맞이하리라는 엄중한 교훈을 새롭게 첨가시켜야 할 것이다"라고.

《정의란 무엇인가*Justice*》(2009)의 저자인 마이클 샌델 하버드대 교수는 2020년 4월 13일자 〈뉴욕타임스〉에 기고한 칼럼 'Are We All in This Together?*우리 모두 함께 할 수 있을까?*'에서 "전염병은 모든 사람들의 경제적, 사회적 역할을 중요시하게 만들었다. 대유행에 맞서 경제를 재건하기 위해서는 의료와 경제적 전문지식뿐만 아니라 도덕적, 정치적 개혁을 필요로 한다. 우리는 지난 수십 년간 회피해 온 기본적인 질문을 할 필요가 있다"고 지적했다. 코로나19 이후 우리는 어떤 사회적, 경제적 역할이 가장 중요한지를 재고하고, 우리의 경제와 사회를 재구성해야 한다는 것이다. 그 예로 샌델은 세금 부담을 급여세에서 금융거래, 부유세, 탄소세로 전환하는 문제를 제기했다, 양도소득보다 더 높은 비율로 노동소득에 과세하는 현재의 정책을 재고해야 한다는 것이다.

우리나라도 차제에 지구온난화 방지를 위해 탄소세 도입을 진지하게 고민해야 한다. 지금까지의 미온적인 대처가 아니라 '우리의 미래'를 건 정책이 되도록 말이다. 탄소세는 주로 유럽 선진국에서 추진돼 왔다. 핀란드는 1990년에 세계 최초로 탄소세를 도입(탄소 t당 1.12유로[약 1490원])했는데 2016년 현재 t당 58(난방용[약 7만 7140원])~62유로(수송용[약 8만 2460원])를 부과하고 있다. 스웨덴은 1991년 환경세제 개혁을 실시하여 탄소세 도입과 동시에 법인세를 대폭 감세해 조세저항을 줄이고 온실가스를 실질적으로 줄이는 데 성공했다. 스웨덴의 탄소세는 t당 127달러인데 이를 통해 1995년 이후 탄소배출량을 25% 줄였고, 같은 기간 경제는 75% 성장했다. 반면 프랑스는 2014년 탄소세를 도입했지만 '부자감세'를 너무 많이 해 준 탓에 2018년 연료세(탄소세) 인상을 발표하자 저소득층 중심으로 노란조끼 시위 등 반발이 극심해 결국 인상이 철회됐다.

국제통화기금은 기후변화 대응을 위해 현재 t당 세계 평균 2달러 수준인 탄소세를 2030년에 75달러까지 높이는 등 각국의 재정정책 개편이 시급하다고 촉구했다. '2030년 탄소세 t당 75달러'는 가계 전기요금이 향후 10년간 평균 43% 인상된다는 의미인데 국제통화기금 보고서는 탄소세 도입을 통해 확충된 재원을 활용해 소득세, 급여세 등 다른 세금을 인하할 수 있을 것이라고 제언했다.[25] 유럽연합도 지난해 11월 '기후 · 환경 비상사태'를 선언하고 탄소감축계획을 내놓았다.

탄소세가 불평등을 해소할 수 있을까

이러한 세계 각국의 기후변화 대응에 있어서도 문제는 '불평등'이다. 《21세기 자본》의 저자인 토마 피케티 파리 경제학교 교수는 2015년 11월 〈Carbon and Inequality: from Kyoto to Paris탄소와 불평등-교토에서 파리까지〉라는 논문을 통해 종래의 국가별 접근 방식 대신 개인의 소득과 배출량에 따라 탄소세 부담을 달리해야 한다는 주장을 폈다.

피케티 교수는 전 세계 상위 10% 계층이 전 세계 탄소배출량의 45%를 차지하고, 하위 50% 계층이 세계 배출량의 13%를 차지하는 불평등 구조에 착안해 개인별 배출량에 기초해 누진적으로 재정 부담금을 산정하는 새로운 전략을 내놓았다. 첫 번째 전략은 세계평균(연간 6.2t)보다 많이 배출하는 개인에게는 초과량에 따라 세금을 부과한다. 이 경우 북미는 36%, 유럽은 21%, 중국 15%, 기타 20%가 된다. 두 번째로 배출량 상위 10% 계층(세계 개인 평균의 2.3배 초과)에게 다시 부담을 나눠지게 한다. 세 번째로 상위 1% 계층(세계 개인 평균의 9.1배 초과)에게 다시 부담을 지우게 하자는 것이다. 그는 특히 비행기 좌석 등급에 따른 탄소세도 제안했는데 비즈니스석에 180유로, 이코노미석에 20유로의 탄소세를 물리자는 것이다. 이러한 전략을 추진하면 매년 기후변화 대응기금으로 1500억 유로(약 199조 원)의 재원을 마련할 수 있다고 덧붙였다.

이것은 토빈세와 유사한 면이 있다. 노벨경제학상 수상자인 미국 예일대 제임스 토빈 교수가 1978년에 제창한 토빈세의 핵심은 투기목적의 국제금융거래에 과세를 해 그 수입을 개도국의 원조에 충당하자는 것이다. 가령 투기적인 거래마다 거래액의 0.1%를 세율로 정하면 연간 3900억 달러를 징수할 수가 있는데 이는 현재 세계개발원조^{ODA}의 7배 수준이라고 한다. 이를 통해 투기자금의 폭주를 억제하고 그 세수를 개도국의 빈곤이나 환경파괴의 대책기금으로 충당함으로써 세계경제의 불균형을 시정하자는 발상이다.

이제는 과감한 세제 발상이 필요하다. 탄소세의 부과 목적은 단순한 세수 증대가 아니라 이산화탄소를 줄이는 것이다. 따라서 탄소세를 부과할 때 서민들의 세금 부담을 완화하면서 이들을 위한 복지기금으로 활용할 수 있는 '세수중립적 세제개편'이 필요하다. 탄소세는 이산화탄소 배출량 감소와 함께 에너지절약기술에 대한 투자와 개발을 촉진시킨다. 과세효과만으로 목표를 달성하려면 탄소 t당 4만 5000엔(약 52만 원)의 탄소세가 필요하지만, 세수입을 효율적으로 환경대책에 투자하면 t당 3400엔(약 4만 원)으로도 가능하다는 시산도 있다.[26]

이참에 전기요금 인상에 대해서도 정책적 고려가 필요하다. 정부는 국민부담을 우려해 '전기요금 동결' 방침에만 머물 것이 아니라 전기생산성을 높이는 정책을 적극 펴야 한다. 국내 전기요금(주택용 기준)은 1㎿h당 109달러(2017년 기준 약 12만 3000원)로 경제협력개발기구 평균 157달러(약 17만 8000원)보다 낮다. 제3차 에너지기본계획(2019~40년) 워킹그룹에 참여한 민간 전문가들도 요금인상 방안을 산업부에 권고한 바 있다. 2017년 기준 산업용 전기는 일반용보다 1kWh당 약 23원 싼 107.41원이다.[27] 에너지경제연구원의 〈전기요금 체계 개편 로드맵 수립 방향〉 보고서에 따르면 현행 요금 수준으로 2019년부터 2023년까지 5년간 한전의 영업손실은 1조 6000억 원에 달하며 한전이 적자를 회수하려면 2022년까지 3년 동안 약 10%의 전기요금 인상이 필요하다고 주장했다.[28]

탄소세와 함께 필요한 것이 독일의 재생에너지법[EEG] 처럼 전기요금에 재생에너지기금을 넣어 적립해야 한다. 독일은 석유, 석탄, 천연가스, 원자력에서 재생가능에너지로 전환하기 위해 2000년에 이 법을 제정했다. 2050년까지 전력공급의 80%와 총에너지공급의 60%를 재생에너지로 조달하는 것이 목표다. 이 법의 시행으로 독일은 1990년대 총전력생산의 3%던 재생에너지가 2017년엔 33%로 늘어났다. 독일의 가정용 전기요금은 1kWh당 29.42유로(377원)인데 그중 재생에너지 부담금이 차지하는 비중이 23% 정도다. 우리나라는 2000년대 들어 전력산업기금으로 전기요금의 3.7%를 적립해 현재 5조 원의 여유 재원이 있는데 향후 이 요율을 줄이는 대신 재생에너지기금을 신설하는 것이 바람직하다.

탄소세가 성공적으로 도입되기 위해서는 소득의 역진적 성격을 완화하는 것이 무엇보다 중요하다. 저소득층에는 탄소세를 면제해 주거나 세율을 낮게 하고, 탄소세로 증가한 세수를 이용해 저소득층을 지원하는 시스템을 만들어야 한다. 특히 에너지 빈곤층에게는 생계형 특별 면세나 보조금이 주어져야 한다. 그리고 지난 2018년과 같이 국제 원유가격이 급격히 인상되면 한시적으로 세금을 낮추는 등 탄력적인 시행이 필요하다. 이와 함께 탄소마일리지제도를 시민들이 충분히 매력을 갖도록 인센티브를 강화해야 한다.

여당은 지난 21대 총선에서 '그린뉴딜'을 내세우면서도 탄소세와 관련해선 산업계 영향 등을 고려해 중장기적으로 도입 여부를 검토하겠다며 신중한 입장을 드러냈다. 그러나 이제는 '신중함'보다는 '신속, 과감함'이 더 필요한 때다. '깨어 있는 소비자'에 '깨어 있는 시민정부'여야 대전환의 시대, 미래 재난에 적극 대응할 수 있다.

06

식량자급률을 높여라

유엔 식량농업기구^{FAO}가 코로나19로 인한 식량위기를 공식 경고했다. 식량농업기구는 지난 4월, 현재까지 식량공급은 적당하고 시장이 안정적이라면서도 4월과 5월에 식량 공급망의 붕괴가 예상된다고 지적했다. 연간 50만t의 쌀을 수출하는 캄보디아가 4월 5일부터 쌀 수출을 금지하기로 했고, 인도 · 태국에 이어 세계 3위의 쌀 수출국인 베트남도 지난 3월 24일부터 쌀 수출을 멈췄다. 러시아도 3월 20일부터 열흘 동안 모든 종류의 곡물 수출을 일시적으로 제한했다. 컨설팅업체인 피치 솔루션스는 식량가격 급등에 가장 크게 노출될 나라로 한국, 중국, 일본과 중동 등을 콕 집었다.[29]

하지만 연일 신문 방송에서는 판로를 잃은 농산물에 대한 걱정이 앞선다. 최문순 강원도 지사를 비롯한 광역지자체 단체장들이 '지역농산물 헐값에라도 팔아주기' 캠페인을 벌여 '완판'했다는 소식을 접하면서 식량위기가 선뜻 수긍이 안 될 수 있다. 하지만 지금까지 세계화에 힘입어 수입하던 먹거리가 어느 순간 끊어진다면 어떻게 될까? 지금 우리는 그런 현실을 목전에 두고 있음을 직시해야 한다.

식량위기에 둔감한 대한민국

그동안 부족한 국내 농촌일손을 메꾸는 데 도움을 줬던 외국인 계절근로자들도 코로나19로 입국이 제한돼 농사철을 앞둔 농촌은 인력난으로 '비상'이다. 법무부 출입국관리국 자료에 따르면 2015년부터 2019년까지 5년간 총 7983명의 외국인 계절근로자가 전국 10개 광역 시도에 배정됐으며, 2020년에는 50개 지자체가 5067명을 신청해 4797명을 배정받은 상태다. 충남 서산시를 비롯해 전국의 농촌 지자체에서 외국인 계절근로자 도입 확대에 적극 나섰다.

이런 현상이 장기화되면 무역에 의존하는 우리나라도 식료품 사재기현상이 일어나지 않으리라는 보장이 없다. 식량

대란 위기는 우리가 그간 식량자급, 식량안보, 식량주권에 소홀해 온 결과다. 통계청 자료에 따르면 2018년 말 현재 우리나라 농가인구는 231만 5000명으로 전년에 비해 약 10만 7000명(4.4%)이 줄어 총인구의 4.5%에 불과하다. 이중 65세 이상 고령인구가 거의 절반(44.7%)이다. 이는 우리나라 전체 고령인구 비율(14.3%)보다 3배 이상 높은 수치다. 농가 경영주의 평균연령은 67.7세다. 대한민국 농촌의 현실은 이렇지만 그래도 지금까지는 약 77%의 곡물을 수입해 5000만 국민이 생활하고 있다.

한국농촌경제연구원에 따르면 2015~17년 3년 평균 우리나라의 곡물자급률은 23%다. 농축산물 무역수지 적자규모도 2017년 181억 300만 달러(약 22조 4000억 원)로 세계에서 여섯 번째로 크다.[30]

실제로 대부분의 국내 제분업체들은 몇 개월치의 곡물을 선물거래로 확보해 둔 상태지만 환율이 안정되지 않는다면 결국 밀가루, 전분가루 등의 공급가 상승으로 이어질 수밖에 없다. 농림축산식품부에 따르면 사료용을 제외한 국내 양곡자급률은 1965년 93.3%에서 1985년 48.4%, 2018년 21.7%로 지속적으로 감소해 왔다. 특히 밀은 1.2%만이 자급될 뿐, 대부분의 밀가루는 미국, 캐나다, 호주에서 수입하고 있다. 수치로 보면 경제협력개발기구 회원국 중 최하위

권에 속한다.[31]

우리 농촌의 현주소를 적나라하게 보여주는 수치들로, 그동안 비교우위론에만 입각해 생산성이 낮은 농업 대신 공산품 수출 지향 경제가 초래한 이면이다. 따라서 이번 코로나19를 '전화위복'의 계기로 삼아야 한다.

새삼 놀라운 것은 신자유주의를 지향하는 미국도 농업만은 '보수적'이라는 사실이다. 미국의 저널리스트 폴 로버츠 Paul Roberts는 《The End of Food*식량의 종말*》(2008)에서 미국 루스벨트 대통령조차도 식품 영역에서 자유시장을 고수하는 것은 국가적 자살행위라고 생각했다고 썼다. 미국 농업은 잉여농산물이 넘쳐났지만 이들 농산물을 세계무역기구의 협조 아래 메이저 식품회사와 함께 개도국에 판매할 전략을 짜고 국가 차원에서 협상을 해 왔다는 것이다. 미국이 2005년 곡물보조금으로 지급한 돈이 우리돈 약 26조 원이다. 루스벨트는 뉴딜정책으로 농촌부흥을 위해 척박한 지역의 농민들을 비옥한 농경지대로 이주시키고 대도시의 실업인구를 농촌으로 유도했으며, 가난한 소농을 지원했다.

반면에 쿠바는 1990년 전후 옛 소련의 지원 중단과 미국의 경제봉쇄로 국가적 재난을 맞아 자급자족 경제체제 구축에 나섰다. 휘발유가 부족하자 트랙터 대신 40만 마리의 소를 길러 우경牛耕으로 전환했고, 화학비료와 농약이 부족하자 전국에 230여 곳의 포식·천적재생산센터^{CREE}를 세워 천적을 이용해 병충해를 구제하는 농법을 개발했다. 자구책이던 도시농업 덕분에 쿠바는 1992년 당시 40%였던 식량자급률을 10년 뒤엔 110%로 끌어올렸다. 더욱이 육류에서 채식 위주로 식생활이 바뀌었고, 병원 출입 환자수가 30%나 줄어들었으며, 영아사망률은 미국보다도 낮아졌다. 당시 쿠바는 학교에서도 '한 손에는 책, 한 손에는 호미를'이라며 농업이해교육을 실시했다.[32]

우리나라도 한때 식량안보라는 이름 아래 쌀생산을 중시했다. 새만금사업도 당초엔 식량안보 차원에서 쌀생산기지를 조성한다는 명분에서 추진됐다. 새만금간척사업에 대한 공동조사단이 낸 〈2000년 경제성분야 결과보고서〉는 '국제미가의 3배인 국내 쌀값보다 2배나 높은 식량안보미가를 적용, 경제학자들이 인정하지 않는 식량안보가치가 새만금간척사업의 가장 중요한 편익으로 계산돼 있다'는 비판을 받았다. 식량안보미가를 적용하면서까지 새만금사업을 추진했으나 정작 새만금사업은 갯벌을 훼손했을 뿐만 아니라 그 뒤 수질오염으로 농지를 조성하지 못했고 지금까지도 활용도를 놓고 고민하고 있다.

네이버백과에 따르면 1970~90년까지 매년 평균 농경지면적은 1만 125ha씩, 농경지 이용률은 1.35%씩 감소되어 왔다.

당시 정책입안자들이 갯벌을 간척해 농지를 만든다는 발상이 아니라 기존의 농지를 보호하고 식량안보 차원에서 농정을 폈다면 지금쯤은 식량자급 달성에 한걸음 가까이 다가설 수 있었을 것이다.

농촌이 살아야 나라가 산다

이제 국가 차원에서 특단의 대책을 세워야 한다. 무엇보다 농사를 짓는 농민들에게 지금 논의되고 있는 재난기본소득과 같은 취지의 농민기본소득 지급이 필요하다. 프랑스의 정책연구기관인 프랑스 스트레티지France Strategie는 2020년부터 모든 농민에게 연간 8000유로(약 1045만 원)의 기본소득을 지급하고 작업량에 따라 보조금을 추가로 지급하자고 제안했다. 이 제안은 목초지 유지, 윤작, 생물다양성 보호 등 환경적 편익을 가져다주는 활동에 대해선 보조금을 지급하는 대신 온실가스를 배출하고 농약·화학비료를 사용하면 세금을 부과하는 방식이다.[33]

식량자급 차원에서 우리나라 농촌의 가장 큰 문제는 토지와 노동력이 감소되는 반면 노임이나 생산비용이 높다는 것이다. 2018년 기준 농가구당 평균소득(4207만 원)이 도시근로자 가구당 평균소득(6484만 원)의 64.9%로 양자간의 격차가 점점 벌어지고 있기에 농민기본소득으로 그 간격을 줄여 갈 필요가 있다. 그리고 농가부채를 줄일 수 있도록 전폭적인 금융지원을 하고, 무엇보다 농촌의 문화, 복지, 교육 등 사회인프라를 제대로 구축하여 도시의 노동자, 실업자, 청년세대, 베이비부머세대가 귀농귀촌할 수 있도록 '농촌뉴딜정책'을 세워야 한다. 외국인 계절근로자제도 확대도 중요하지만 '귀농귀촌지원금' 같은 국가·지자체의 매칭펀드를 통해 도시인의 농촌 이주를 촉진해야 한다. 이를 위해 귀농귀촌 인력양성제도나 농촌빈집등록임대제도, 마을관리사제도 등 다양한 제도를 마련해 실질적으로 운영해야 한다.

또 하나 중요한 것은 식량위기를 대처한다고 해서 과거 박정희 시대의 통일벼 생산과 같이 양산체제만을 얘기해선 안 된다. 화학비료 농약이 아니라 가능하면 친환경농업을 지향해야 한다. 지산지소, 도농상생을 위해서는 지금의 도시소비자들이 농사를 보는 눈이 달라져야 한다.

이런 점에서 국내외 도농상생 쌀농사 지원 사례도 눈여겨볼 필요가 있다. 고故 김종철 녹색평론 대표는 2011년 〈녹색평론〉에 일본 나고야 지역의 세계 최초 쌀본위제 지역화폐 발행사례를 소개했다. '오무스비(연대라는 뜻)'라는 지역화폐인데 유기농 농민들이 2010년 봄 쌀농사가 시작될 때 지역화폐 1만 장을 발행했다. 지폐 한장이 유기농 현미 반홉에 해당한다. 농민들은 가을에 그 지폐를 쌀로 바꿔 줬는데 1만 장 중 7000장이 현미쌀과 교환됐다고 한다. 이와 비슷한 것으로 우리나라에는 '맨땅에 펀드'라는 것이 있다. 2012년 3월 지리산닷컴이라는 사이트를 통해 계좌당 30만 원을 받고 100명의 투자자를 모집했다. 펀드 투자자들은 주말마다 내려와 삽질도 했고 총 5번의 배당을 받았는데 배당품은 밀, 감자, 감, 땅콩, 고구마, 배추, 무와 가공한 김치, 청국장 등 다양했다.[34]

지난 4월 21대 총선 투표일을 앞두고 우리나라 농민단체 중 하나인 한국농업경영인중앙연합회는 5대 핵심 기조를 각 정당에 전달했다. 그것은 '농업·농촌의 변화와 혁신을 위한 안정적인 지원 약속' '농업·농촌의 공익적 가치 실현을 위한 제도 확대' '국민의 안전한 먹거리 보장과 국내 농산물 수요 확대 방안 마련' '농가 소득 보전 및 경영 안정을 위한 특단의 대책 마련' '청년·후계 농업인 육성을 위한 획기적 대책 마련' 등이다.[35] 여야 각 당도 이에 맞춰 '공익형직불제 조기 정착(더불어민주당)' '(가칭)농업인 연금제 실시(미래통합당)' '농민기본소득 도입(정의당)' 등 농업 관련 공약을 내놓았다. 이러한 공약公約이 공약空約이 되지 않길 빈다. 21대 국회가 출범했으니 각 당의 공약을 바탕으로 국회 안에 '식량안보 농촌살리기 특위'가 제대로 만들어져 총체적 대안 모색에 나서야 할 것이다.

식량위기와 관련해 공장식 축산업의 폐해가 심각한데 이에 대한 대책도 절실하다. 식량위기시대를 살아가는 시민으로 이제는 텃밭 가꾸기, 학교급식, 도농직거래, 생협 회원 되기 등 도농 간 네트워크에도 적극 참여할 필요가 있다. 식량이 곧 생명이자 안보다. 농촌이 살아야 나라가 산다. 식량 생산을 높이는 것은 물론 농촌공동체를 살리고, 지산지소, 농자천하지대본을 새롭게 인식해 지금이야말로 새로운 한국 농업의 틀을 세워야 할 때다.

재난대비 생존매뉴얼을 생활화하라

코로나19 '2차 대유행'을 차단하기 위해 정부가 지난 8월 23일부터 사회적 거리두기 2단계 조치를 수도권에 이어 비수도권으로 확대했다. 이에 따라 수도권은 물론 비수도권의 클럽과 룸살롱 등 유흥주점, 노래연습장, 뷔페, PC방, 300인 이상 대형 학원 등 고위험시설도 2주 동안 문을 닫아야 했다. 실내 50명 이상, 실외 100명 이상이 모이는 행사·모임도 금지됐다. 프로스포츠는 무관중으로 치러지고 집단감염 발생 지역의 학교는 원격수업을 진행했다. 지난 8월 8일부터 21일까지 2주간 전국의 일평균 확진자 수(162명)는 전국 사회적 거리두기 2단계 격상 기준인 50~100명을 초과하였

고, 이 기간 경로 불명 사례의 비율이 16.4%로 높았다.[36]

지난 2월 신천지교회에 이어 지난 8월 사랑제일교회와 '8·15 태극기부대 광화문집회'와 같이 코로나19 방역준칙을 무시해 온 특정종교 및 정치사회집단의 무분별한 행위를 비롯해, 휴가철을 맞아 다소 소홀했던 방역의식이 코로나19의 제2의 파고를 불러들였다. 공공의 이익을 무시하고 방역에 비협조 또는 방해하는 특정집단이나 개인에 대해서는 행정명령은 물론 손해배상청구 등 강력한 법적 조치를 취해야 한다는 국민의 목소리가 높다. 앞으로 일상화가 될지도 모를 코로나재난에 정부의 힘만으로는 역부족이기에 가정·직장 단위의 자주적 대응 시스템을 갖추는 것이 매우 중요하게 됐다.

재난은 예고 없이 덮친다

재해에 직면한 사람의 심리를 설명하는 프로세스 중 하나로 '불안환기不安喚起 모델'이라는 게 있다. 사람은 불안을 느끼면 다음과 같은 3가지 패턴을 보인다는 것이다. 첫째, 자주自主해결, 즉 스스로 정보를 입수해 위해危害 여부와 회피방법을 판단한다. 둘째, 타자의존, 즉 신뢰할 수 있는 타인에게 판단을 맡긴다. 셋째, 사고정지思考停止, 즉 아무 생각 없이 그냥 안전하다고 믿거나 막무가내로 거부한다는 것이다. 위 셋 중 가장 바람직한 것은 자주해결이다. 타자의존이나 사고정지는 자칫 공동체의 해결 노력을 방해하는 방향으로 작용할 수 있다. 따라서 재난대응교육을 통해 자주해결을 유도함으로써 재해 시 유연한 판단을 가능하게 할 필요가 있다.[37]

행정안전부의 '국민재난안전포털'에 들어가 보면 재난을 개괄적으로 이해할 수 있다. 국민재난안전포털에는 '자연재난행동요령' '사회재난행동요령' '생활안전행동요령' '비상대비행동요령' '안전수칙' '비상대비용품' '우리집안전점검' '재난대비안전점검' 등 재난의 다양한 상황에 대한 대처요령이 나와 있다.

태풍, 홍수, 호우, 강풍, 풍랑, 해일, 대설, 낙뢰, 가뭄, 지진, 황사, 조류 발생, 화산활동, 해수면상승, 산사태, 침수와 같은 자연재난과 화재, 산불, 건축물붕괴, 폭발, 교통사고, 전기화재, 산불, 건축물붕괴, 폭발, 교통사고, 전기·가스사고, 철도·지하철, 유·도선사고, 수난水難사고, 원전사고, 공동구재난, 대규모 수질오염, 감염병·가축질병, 댐붕괴, 정전·전력부족, 금융전산장애, 해양오염사고, 화학물질사고, 항공기사고, 화생방사고, 인공우주물체추락, 미세먼지 등 각각의 재해에 대한 설명이 돼 있다.

포털은 또 비상용 생활필수품으로 조리와 보관이 간편한 쌀, 라면, 밀가루, 통조림 등(30일분), 식기(코펠), 버너 및 부탄가스(15개 이상), 담요, 내의, 라디오(건전지), 휴대용 전등, 양초, 성냥, 상비약품, 핀셋, 가위, 붕대, 탈지면, 반창고, 삼각건 등을 소개하고 있다.

재난대비를 생활화하라

이러한 재난에 대해 국가 차원의 대응 시스템 구축의 중요성은 말할 것도 없지만 가정·직장에서의 '재해예방' 노력도 이에 못지않게 중요하다. '가계는 재해를 어떻게 예방할 것인가' 하는 문제에 대해서는 '에리히−베커 모델'이 도움이 된다. 이 모델은 재해의 리스크 관리를 위하여 '시장보험market insurance, 자가보험self-insurance, 자기방위self-protection'라는 3가지 수단을 잘 활용하는 게 중요하다고 강조한다.[38]

먼저 시장보험은 시장에서 판매되는 화재보험과 같은 재해보험을 구입하는 것이다. 가령 홍수피해를 입을 가능성이 있는 지역에서는 '풍수해보험' 가입을 고려할 만하다. 행정안전부가 관장하고 민영보험사가 운영하는 정책보험으로 보험료의 일부를 국가 및 지자체가 보조해 주는데 주택이나 비닐하우스에 대해 지진을 포함해 태풍, 홍수, 호우, 강풍, 풍랑, 해일, 대설 재해를 보상한다. 지자체 민원실에 문의하면 된다.

자가보험은 재해가 발생했을 때 손해를 줄이도록 준비를 하는 것으로 스스로 재난에 대비해 비상물품을 구입 비축하는 행위를 말한다. 대표적인 것이 가정에 생존배낭이나 소화기를 비치하는 행위로 방재의 관점에서는 '피해 줄이기'에 해당한다.

자기방위란 재해로 피해를 입을 확률을 낮추는 행위를 말한다. 건물의 내진보강을 해 지진 피해를 입을 확률을 낮추는 행위와 같이 스스로 시설이나 장비를 개선하는 행위로 '리스크 줄이기'라고도 한다. 재해는 확률적이며, 사회가 경험하지 않았거나 잊고 있는 재해가 언제 어디서 누구에게나 다가올 수 있다는 사실이다. 이 점에서 재해예방에 대한 공공투자는 그 자체가 경제이자 복지이며, 국가의 최우선 정책일 수밖에 없다. 개인도 가정 단위에서 자주적으로 총체적 재난에 대응하는 노력을 해야 한다.

《재난이 닥쳤을 때 필요한 단 한권의 책─미국 최고 전문가가 알려주는 재난생존 매뉴얼》(2011)의 저자인 미 야바파이대학 코디 런딘Cody Lundin 교수는 "자신의 인생을 스스로 책임져야 한다는 책임감이 따라야만 생존계획을 제대로 세우고 지킬 수 있다"고 강조한다. 그는 생존계획의 핵심으로 '인간이 단기적, 장기적 위급상황에서 살아남기 위해서 신체적, 심리적으로 필요한 것을 파악하고 인식하는 일' '재난에 대비해 가정에서 구비해 놓아야 할 것들 챙기기' '가족의 자급자족과 육체적, 정신적, 정서적 편안함을 위해 임시로 해결할 수 있는 방법'을 평소에 이해하도록 노력하라고 조언한다. 특히 도시에서는 2~4주 동안 외부의 도움 없이도 생활할 수 있도록 준비하고, 전기차단기를 내리고 가족들과 즐거운 시간을 보내는 연습을 한 번쯤 해보라고 권한다.

도시생존전문가인 우승엽은 《재난시대 생존법》(2014)에서 "재난이 현실이 되는 순간이 다가온다. 당신은 스스로 생존하고 가족을 보호할 준비가 되었는가?" 하고 묻는다. 그는 국민 한 사람 한 사람이 재난을 평소에 생각하고 대비하는 '재난대피자prepper'가 돼야 한다며 한국 사회의 내일을 위협하는 4대 위험으로 '전쟁위협' '자연재해' '경제에너지위기' '피로화된 시스템의 붕괴'를 든다.

전쟁위협으로는 '북한의 제한적 도발, 국지전 혹은 전면전' '중일 동남아국가 등 주변국의 전쟁 무력충돌 가능성' '미중간 세계패권 다툼' '내전 및 폭동 가능성' 등을, 자연재해로는 '지진 및 쓰나미' '방사능사고 우려' '기상이변, 지구온난화로 인한 기온상승과 식량·식수부족' '신종 전염병의 창궐' 등을 든다. 경제위기로는 '석유고갈과 산유국 수출 중단으로 인한 에너지 위기' '세계경제 붕괴 우려' '주요 기간 시설의 민영화 및 의료 민영화' 등을, 피로화된 시스템의 붕괴로는 '노후원전, 지하철, 공장 등 각종 산업기간시설 사고' '세월호 참사와 같은 낡은 운송수단과 형식적인 점검 시스템' '전국적인 대정전 사태' '식량의 자급자족 포기 및 자급률 급락' '묻지마 범죄와 테러' '사이버테러와 인터넷망의 붕괴' '정치이념·지역색·종교·학벌·비정규직·빈부격차·외국노동자와의 갈등 등 숨어 있던 갈등의 표출' 등을 든다.

이에 대한 준비로 우승엽은 '휴대용 생존팩 EDC^{Every Day Carry}' '차량용 72시간 생존팩^{Car EDC}' '일터용 72시간 생존팩 ^{Office EDC}' 등을 준비할 것을 제안한다.

먼저 '휴대용 생존팩 EDC'는 가장 손쉬운 생존도구다. 우선 외출 시 핸드백이나 손가방에 '멀티툴, 플래시, 호루라기, 사탕' 정도를 넣어 다니는 것부터 시작하길 권한다. 별도로 집안에 중간 크기의 등산용 가방에다 미니 LED 플래시, 나침반, 우비나 은박보온담요, 예비 휴대폰 배터리, 펜과 종이, 라이터, 소형 구급약, 마스크, 현금 등의 필수품목과 나일론줄, 소형 라디오, 정수알약, 선글래스, 장갑, 바느

질세트, 초콜릿바, 팩음료, 청테이프 등 추가품목을 준비하길 권한다. 평소에 잘 사용하지 않는 여행용 가방에 비상식량으로 건빵, 전지분유, 시리얼, 국수, 생수, 정수알약, 고체연료, 참치캔, 통조림, 스팸, 초콜릿, 인스턴트 스프, 건과일, 3분 즉석요리, 사탕, 커피믹스, 양념류, 소금, 설탕, 식용유, 기호품 등을 챙겨두길 추천한다.

'차량용 72시간 생존팩'은 스페어 타이어처럼 자동차 트렁크에 준비해 둘 필요가 있으며, '일터용 72시간 생존팩'은 일터에서 재난 상황에 맞닥뜨릴 경우를 생각해 본인의 책상 주변에 비치해 놓는 것이 좋다고 한다. 일본 도쿄의 민간회사 상당수가 빌딩 지하실에 막대한 양의 비상식량과 물을 비축해 놓고 있다고 소개한다. 우리나라도 회사 차원에서 도심형 재난을 대비해 생존팩을 준비할 필요가 있겠다.

이러한 생존팩은 구미나 일본에서는 일상화되어 있고, 관련 사이트나 상업적으로 판매하는 것들도 많지만 우리나라는 아직 보편화되어 있지 않다. 정부 차원에서 중소기업을 대상으로 생존팩(배낭) 생산을 비롯한 '생존비즈니스' 지원·육성대책이 필요하다. 이러한 재난대응 시설이나 용품 마련과 관련해선 세제혜택을 주었으면 좋겠다. 또한 재난 관련 생존배낭 보급은 지자체 차원에서도 지역경제 살리기와 연계해 주민들에게 저렴하게 보급하는 방안을 마련했으면 한다.

  생존법 관련 책들을 보면 재난을 대비해 자신과 가족의
비상대피처 전화번호를 따로 적어두고, 통장번호나 카드번
호 등을 따로 메모하거나 가족의 혈액형도 신분증·수첩에
적어놓고, 평소에 가족사진과 주요 문서를 정리 보관하는
습관을 가질 것을 권한다.

  코로나19 바이러스는 "어떤 형태로든 영원히 인류와 함께
할 것"이라고 영국 정부 긴급상황과학자문그룹SAGE의 마크
월포트 경이 8월 22일 경고했다고 영국 BBC가 보도했다. 월
포트는 코로나19를 통제하기 위해서는 '글로벌 백신'이 필
요하지만, 코로나19는 "예방접종으로 근절할 수 있는 천연
두 같은 질병이 아니다"라고 말했다.[39]

  코로나19는 물론, 앞으로 세계는 이례적인 홍수, 폭염 등
기후위기로 총체적 재난상태에 직면할 것이다. 가정, 기업,
국가차원에서 종합적인 재난대응교육과 실행이 이뤄져야
마땅하다.

  마하트마 간디는 '미래는 우리가 지금 무엇을 하고 있는
가에 달려 있다'고 말했다. 개인, 가정의 생존법에 대한 인
식에서부터 지역공동체의 안전, 나아가 기후위기와 같은 전
지구적 문제까지 의식을 확장하고, 집단지혜를 모아 실천하
는 일이야말로 우리의 미래를 만드는 일이다.

참고문헌

프롤로그

1   재경일보, 2020년 11월 14일

2   혜럴드경제, 2015년 6월 8일.

3   이데일리, 2020년 9월 24일.

4   KBS, 2020년 10월 5일.

5   연합뉴스, 2020년 10월 11일.

6   한겨레신문, 2020년 10월 9일.

제1부

1   http://www1.president.go.kr/petitions/585899.

2   서울신문, 2020년 3월 2일.

3   경향신문 김민아칼럼, 2020년 3월 3일.

4   머니투데이, 2020년 2월 12일.

5   Castro Baker and Stacia Martin-West, Public Policy, Can Universal Basic Income Work?, 2020.1.17.

6   Chris Weller, 8 basic income experiments to watch out for in 2017, Business Insider, 2017.1.14.

7   뉴스1, 2020년 3월 3일.

8   한국일보, 2020년 3월 4일.

9   경향신문, 2019년 10월 29일.

10 The News Lens. "Taiwan's Basic Income Movement Plans National Referendum", 2019.12.11.

11 경향신문, 2010년 10월 18일.

12 Diamondonline, 2012.3.12.

13 公共研究 第3巻 第4号, 2007年 3月.

14 농축유통신문, 2020년 1월 3일.

15 경향신문, 2019년 11월 7일.

16 디지털타임스, 2020년 6월 14일.

17 시사인, 2020년 6월 11일.

18 경향신문, 2020년 6월 18일.

19 일요신문, 2020년 6월 8일.

20 혜럴드경제, 2020년 6월 12일.

21 뉴시스, 2020년 3월 13일.

22 에너지경제신문, 2020년 5월 22일.

23 머니S, 2020년 3월 30일.

24 https://web.pref.hyogo.lg.jp.

25 뉴스투데이, 2020년 5월 4일.

26 뉴스1, 2020년 6월 9일.

27 마틴 셰퍼, 급변의 과학, 2012.

28 Wikipedia/Toriodos Bank.

29 한겨레신문, 2020년 2월 25일.

30 두산백과.

31 뉴시스, 2020년 4월 8일.

32 한겨레신문, 2020년 5월 19일.

33 파이낸셜뉴스, 2020년 3월 14일.

34 이타임즈, 2016년 5월 29일.

제2부

1 東洋経済, 2018年 10月 1日.

2 한겨레신문, 2020년 3월 23일.

3 오마이뉴스, 2020년 3월 1일.

4 뉴스1, 2020년 3월 24일.

5 경향신문, 2020년 3월 18일.

6 朝日新聞, 2020年 3月 11日.

7 経済がわかる論点50 2020, みずほ総合研究所, 東洋経済新聞社, 2019.

8 한국경제 · 2020년 4월 2일.

9 오마이뉴스, 2020년 5월 26일.

10 한국노동안전보건연구소 홈페이지.

11 머니투데이, 2020년 5월 27일.

12 MBC뉴스, 2020년 8월 2일.

13 연합뉴스, 2020년 8월 1일.

14 연합뉴스, 2020년 8월 2일.

15 朝日新聞, 2020年 8月 2日.

16 동아사이언스, 2020년 7월 31일.

17 Lidia Morawska, Donald K. Milton, "It is Time to Address Airborne Transmission of COVID-19" Clinical Infectious Diseases, July, 6, 2020.

18 National Geography, 2020.4.24.

19 pmg 지식엔진연구소.

20 http://www.anicom-sompo.co.jp.

21 Kevin Olival, Peter Daszak, et al., "Predicting disease spread from animals to humans." nature, 22, June, 2017.

22 연합뉴스, 2020년 8월 5일.

23 참여와 혁신, 2020년 8월 9일.

24 경향신문, 2020년 7월 31일.

제3부

1   경향신문, 2020년 4월 6일.

2   한국경제, 2020년 4월 6일.

3   인터풋볼, 2020년 4월 20일.

4   스포츠서울, 2020년 4월 4일.

5   뉴시스, 2020년 4월 23일.

6   연합뉴스TV, 2015년 4월 1일.

7   시사포커스, 2019년 3월 15일.

8   글로벌마케팅뉴스, 2013년 3월 15일.

9   파이낸셜뉴스, 2019년 8월 26일.

10 민중의 소리, 2020년 2월 2일.

11 한겨레신문, 2020년 5월 12일.

12 wikipedia/land value taxation.

13 매일경제, 2020년 7월 22일.

14 매경프리미엄, 2020년 8월 25일, 김세형 칼럼, 재벌 총수 연봉은 얼마가 적정할까.

15 한국경제, 2019년 2월 22일.

16 https://www.socialeurope.eu/top-rates-of-income-tax.

17 파이낸셜뉴스, 2020년 6월 28일.

18 이데일리, 2020년 5월 17일.

19 http://koreanlii.or.kr.

20 연합뉴스, 2020년 6월 22일.

21 이데일리 2020년 6월 27일.

22 KBS, 2020년 9월 16일.

23 이데일리, 2020년 9월 24일.

24 아시아투데이, 2020년 9월 30일.

25 가디언, 2020년 9월 23일.

26 ReNews, 2020년 9월 23일.

27 아시아경제, 2020년 9월 25일.

28 이투뉴스, 2020년 9년 24일.

29 연합뉴스, 2020년 9월 27일.

30 경향신문, 2020년 10월 28일.

제4부

1   원자력발전의 사회적 비용, 김해창, 미세움, 2018.

2   미디어오늘, 2020년 10월 21일.

3   YTN, 2020년 4월 19일.
4   한겨레신문, 2020년 4월 9일.
5   WHO, 2008.
6   Climate Action Platform, 2019.2.19.
7   한국무역협회 브뤼셀지부 자료, 2020년 3월 11일.
8   동아사이언스, 2020년 1월 17일.
9   Gross employment from renewable energy in Germany in 2009−a first estimate', 2010.
10 The Green New Deal Is Cheap, Actually, Tim Dickinson, Rolling Stone, 2020.4.6.
11 전기신문, 2020년 4월 3일.
12 그린피스, 2020년 4월 10일.
13 머니투데이, 2020년 5월 7일.
14 경향신문, 2020년 5월 7일.
15 한국경제, 2020년 3월 13일.
16 JTBC 뉴스룸, 2020년 7월 14일.
17 뉴스케이프, 2020년 7월 19일.
18 UPI뉴스, 2020년 7월 17일.
19 국토연구원, 2019년 12월.
20 세계일보, 2020년 7월 13일.
21 한겨레신문, 2020년 10월 20일.
22 경향신문, 2020년 10월 28일.
23 뉴데일리경제, 2020년 11월 25일.
24 KBS, 2020년 5월 23일.
25 아시아경제, 2019년 10월 11일.
26 天野明弘, 環経経済研究, 2003.
27 중앙일보, 2018년 12월 6일.
28 SBS, 2019년 2월 13일.
29 중앙일보, 2020년 4월 2일.
30 머니투데이, 2020년 4월 2일.
31 농수축산신문, 2020년 3월 31일.
32 국제신문, 2006년 11월 26일.
33 농축유통신문, 2020년 1월 3일.
34 맨땅에 펀드, 권산, 2013년.
35 팜인사이트, 2020년 2월 27일.
36 중앙대책본부 2020년 8월 23일 정례브리핑.
37 堀井秀之・奈良由美子, '安心・安全と地域マネジメント', 2014.
38 Ehrlich,I. and G.S.Becker, Market Insurance, Self−Insurance, and Self−Protecton, Journal of Political Economy, 80(4), 1972.
39 뉴시스, 2020년 8월 23일.

사회적 불평등을 가속시키는 재난.

그에 맞설 네 가지 사회 시스템을 진단하고 처방한다.

'위험사회'를 넘어 '안전 · 신뢰 · 행복사회'로 가자.